KB052500

함께 알아가는 노사관계

유 선 용 지음

현장경험을 바탕으로 한
다양한 사례 중심의 실무지침서

考試界社

함께 알아가는 노사관계

Preface

인사노무 직무교육 교재를 출간하며…

2010. 7. 노동조합 전임자 급여지급금지 및 근로시간면제제도시행, 2011. 7. 복수노조 허용 및 교섭창구단일화, 2012. 1. 근로조건 서면명시의무, 2012. 7. 퇴직급여 중간정산 금지 등 최근 들어 노동관계법과 제도가 변경 시행됨에 따라 노동환경도 많이 변화되고 있다.

산업현장에서는 이에 발빠르게 대응하지 못할 경우 대립과 분쟁이 발생할 소지도 그만큼 많아졌다고 볼 수 있다.

이에 본서는 이러한 노동환경의 변화에 따라 발생될 수 있는 사업장내 분쟁을 미리 예방하고, 더 나아가 상생·협력의 선진 노사문화를 만들어가기 위한 기초 작업으로 법과 제도에 대한 이해를 돕기 위하여 만들어졌다.

지금까지 많은 노동법 교재와 직무교육 교재가 출간되었지만, 본서는 일반근로자부터 실무담당자, 임원에 이르기까지 누구나 쉽게 이해할 수 있도록 서술되었고, 실제 사례위주의 다양한 형태로 구성되어 실무에서 바로 적용 가능하도록 하는 한편, 본문내용에 대한 저자의 동영상 강의(www.eduall.kr)를 통해 학습효과를 극대화할 수 있도록 하였다.

모쪼록 본서를 바탕으로 근로관계에 대해 함께 배워가고, 노사관계에 대해 함께 알아가는 과정을 통해 사업장내 분쟁예방과 선진노사관계 정립을 통해, 결과적으로 기업의 경쟁력을 높이는데 도움이 될 수 있기를 기대해본다.

아울러 본서가 출간되기 까지 지원과 조언을 아끼지 않으신 고시계사 정상훈 사장님을 비롯한 직원분들과, 김명수 박사님, KLE 김달문 원장님께 감사드리며, 우리 MK, MK컨설팅 가족 모든 분들의 성공과 행복을 기원합니다.

2015. 8

노무법인 MK 컨설팅
대표 유선용

함께 알아가는 노사관계

CONTENTS

Chapter 1. 노동3권 총론, 단결권보장과 단결강제

Chapter 2. 노동조합 (설립요건, 기관, 조합원의 지위)

Chapter 3. 노동조합의 활동

Chapter 4. 단체교섭

Chapter 9. 부당노동행위

Chapter 10. 노사협의회 및 고충처리

Chapter 1

노동3권 총론,
단결권보장과 단결강제

제1절 노동법 총론

Ⅰ. 노동기본권

1. 개념

노동기본권이라 함은 근로자에 대한 생존권확보를 위하여 헌법이 보장하고 있는 근로자의 기본적인 권리를 말하며, 이는 근로권(헌법 제32조)과 노동3권(헌법 제33조)이라고 부르는 단결권·단체교섭권 및 단체행동권을 포괄하는 개념이다.

※ 헌법 제32조 ① 모든 국민은 근로의 권리를 가진다. ③ 근로조건의 기준은 인간의 존엄성을 보장하도록 법률로 정한다.

2. 연혁

노동기본권은 1919년 독일 Weimar 헌법에서 처음으로 헌법상 권리로 보장된 이후, 1948년 세계인권선언에도 명시되고, ILO조약에 있어서도 규정된 세계 공통의 기본권이라 할 수 있다.

3. 관련 법체계

근로권과 관련하여 근로조건의 기준을 설정한 법률로「근로기준법」등 개별적 근로관계법이 있으며, 노동3권을 보장하기 위한 법률로「노동조합 및 노동관계조정법」등 집단적 노사관계법이 있다.

Ⅱ. 헌법상 노동3권 보장

1. 헌법 제33조 규정

(1) 근로자는 근로조건의 향상을 위하여 자주적인 단결권, 단체교섭권 및 단체 행동권을 가진다(제1항).

(2) 공무원인 근로자는 법률이 정하는 자에 한하여 단결권, 단체교섭권 및 단체 행동권을 가진다(제2항).

(3) 법률이 정하는 주요 방위산업체에 종사하는 근로자의 단체행동권은 법률이 정하는 바에 의하여 이를 제한하거나 인정하지 아니할 수 있다(제3항).

2. 보장 취지

노동3권은 경제·사회적 약자인 근로자로 하여금 단결을 통하여 사용자와 집단적으로 교섭하고 단체행동이라는 실력행사를 할 수 있도록 보장함으로써, 사용자와 실질적인 대등성을 확보하여 "노사자치주의의 실현"을 도모하기 위해 인정된 것이다.

3. 노동3권 상호간의 관계

(1) 노동3권은 상호간에 밀접한 관련을 갖고 있으므로 원칙적으로 일체의 권리로 이해되어어야 하나, 근로조건 향상을 위한다는 노동3권의 기본적인 목적에 비추어 볼 때 노동3권의 핵심은 단체교섭 내지 단체협약 체결에 있다고 판단된다. 근로조건향상은 결국 단체교섭을 통한 단체협약 체결을 통해 가능하기 때문이다.

(2) 따라서 단체교섭권이 노동3권 가운데 가장 중핵적인 권리이며, 단체교섭을 전제로 하지 않은 단결이나 쟁의행위는 무의미하다고 할 것이다.

Ⅲ. 노동3권의 내용

1. 개 요

단결권행사로 형성된 노동조합이 근로자의 생존권보장을 추구하는 근로자집단의 주체라고 한다면, 단체교섭은 그 주체의 구체적인 목적활동으로서 그 목적활동은 단체협약의 체결이라는 결실을 맺게 되는 것이다. 여기에서 단결체가 단체교섭에 의해서 소기의 목적을 평화적으로 달성할 수 없는 때에는 실력, 즉 최후의 투쟁수단인 단체행동을 통해서 그의 주장을 관철하게 된다.

2. 단결권

(1) 단결권이라 함은 근로자들이 근로조건의 향상을 위하여 자주적으로 단결할 수 있는 권리를 말한다. 즉, 근로자들이 노동조합을 결성하거나 가입할 수 있는 권리를 말하며, 근로자 개인의 권리인 개별적 단결권과 노동조합이라는 단결체의 권리인 집단적 단결권을 포함한다.

(2) 이와 관련하여 노조법 제5조에서는 "근로자는 자유로이 노동조합을 조직하거나 이에 가입할 수 있다"고 규정하고 있다.

3. 단체교섭권

(1) 단결권에 의해 이루어진 노동조합이 근로조건 향상을 위하여 사용자(회사) 또는 사용자단체와 자주적으로 교섭(협상)할 수 있는 권리를 말한다.

(2) 이와 관련하여 노조법은 사용자나 노동조합 모두에게 성실교섭의무를 부과하고 있으며(노조법 제30조), 사용자가 정당한 이유 없이 단체교섭을 거부할 경우 부당노동행위에 따른 형사책임을 부담한다(노조법 제81조 제3호, 제90조).

4. 단체행동권

(1) 노동조합이 근로조건의 향상을 위해 집단적으로 행동할 수 있는 권리, 즉 파업,태업 등 '쟁의행위'를 할 수 있는 권리를 말한다.

(2) 단, 노동조합과 사용자간에 근로조건의 결정에 관한 주장의 불일치로 인한 분쟁상태인 '노동쟁의'가 발생하여야 하며, 이렇게 발생한 노동쟁의에 대한 조정절차를 거쳤음에도 단체협약이 체결되지 않은 경우라야 비로소 쟁의행위가 가능하다. 이를 '최후수단의 원칙'이라 한다.

5. 정당한 노동3권 행사의 보호

(1) 위와 같은 노동3권의 행사가 정당한 경우 노동조합에 대해 손해배상이나 업무방해죄 등 민·형사 책임을 물을 수 없다(노조법 제3조, 제4조).

(2) 또한 정당한 노동3권 행사를 이유로 해고 등 불이익한 행위를 할 경우 부당노동행위로 인한 형사처벌을 받을 수 있다(노조법 제81조 제1호, 제5호).

Ⅳ. 노동3권의 제한

1. 제한의 필요성

(1) 헌법상 보장된 노동3권도 다른 기본권과 마찬가지로 무제한적으로 행사될 수 있는 절대적 권리가 아니므로 다른 기본권과의 조화적 보장이라는 관점에서 그 제한이 불가피하다.

(2) 따라서 근로자가 제공하는 근로의 성질이나, 그 사업의 성질에 따라서 노동3권이 제한을 받는다.

2. 제한의 근거

(1) 내재적 한계
  ① 내재적 한계란 노동3권에 내재되고 있는 본질적 성격으로 인하여 노동3권의 행사범위가 당연히 제한되는 원리를 말한다. 헌법 제33조 제1항은 근로자의 노동3권이 '근로조건의 향상을 위하여' 자주적으로 행사될 것을 명문으로 규정하고 있다.
  ② 그러나 노동3권이 근로조건의 향상을 위하여 행사되어야 한다는 것은 헌법의 규정에 의하여 부과되는 창설적 의무가 아니라 노동3권에 내재하는 본질적인 한계이다. 따라서 근로조건의 향상과는 관계없는 정치적 파업 등은 내재적 한계를 일탈한 것으로서 헌법상 노동3권 보장의 대상이 되지 아니한다.

(2) 헌법상 근거

① 공무원인 근로자는 법률이 정하는 자에 한하여 노동3권를 가지며(헌법 제33조 제2항), 법률이 정하는 주요방위산업체에 종사하는 근로자의 단체행동권은 법률이 정하는 바에 의해 이를 제한하거나 인정하지 아니할 수 있다(헌법 제33조 제3항).

② 노동3권도 다른 기본권과 마찬가지로 국가안전보장, 질서유지, 공공복리를 위해 법률로써 제한할 수 있다. 다만 이 경우에도 노동3권의 본질적인 내용을 침해할 수는 없다(헌법 제37조 제2항).

(3) 개별법상 근거

① 「노동조합 및 노동관계조정법」에서는 노동3권을 제한하는 규정을 두고 있는데 그 중에서도 쟁의행위와 공익사업 등의 조정에 대해서 많은 제한 · 금지규정을 두고 있다. 즉 조합원의 투표에 의하지 않은 쟁의행위의 금지(제41조 제1항), 폭력행위 등의 금지(제42조), 중재 · 긴급조정시의 쟁의행위금지(제63조 및 제77조), 공익사업 등의 조정에 관한 특칙(제71조~제75조) 등을 두고 있다.

② 또한 「노동조합 및 노동관계조정법」에서는 방위사업법에 의해 지정된 주요방위산업체에 종사하는 근로자 중 전력, 용수 및 주로 방산물자를 생산하는 업무에 종사하는 자는 쟁의행위를 할 수 없도록 하고 있다(제41조 제2항).

③ 1999.1.29. 제정된 「교원노조법」과 2005.1.27. 제정된 「공무원노조법」에서는 교원과 공무원에 대한 단결권과 단체교섭권을 제한적으로 인정하되, 단체행동권은 불허하고 있다.

3. 근로의 성질에 따른 노동3권의 제한

(1) 교 원

교원노조는 특별시 · 광역시 · 도 · 전국단위에 한하여 설립이 가능하며, 대학교수는 교원노조에 가입할 수 없다. 단체교섭은 광역시 · 도 또는 전국단위로 통일교섭을 하도록 하고 있으며, 법령조례 및 예산에 의해 규정되는 내용 등은 단체협약으로서의 효력이 부정된다.

교원노조	설립근거	• 노조법 제5조 단서의 규정에 의하여 교원노조의 설립에 관한 사항을 정하고 교원에 적용할 노조법에 대한 특례규정을 정함.
	가입범위	• 초 · 중등교육법에서 규정하고 있는 교원으로 한정하고, 교원은 특별시 · 광역시 · 도 단위 또는 전국단위에 한하여 노조설립 가능함.
	노동3권 인정여부	• 단결권 및 단체교섭권은 인정하되, 일체의 쟁의행위나 정치활동은 금지됨.
	조정	• 조정기간 30일, 중앙노동위원회(교원노동관계조정위원회)에서만 조정

(2) 공무원

　6급 이하 일반직 공무원 등에 한하여 공무원노조에 가입할 수 있으며, 법령조례 및 예산에 의해 규정되는 내용 등은 단체협약으로서의 효력이 부정된다. 교원과 마찬가지로 단체행동권은 허용되지 않으나, 예외적으로 정보통신부 및 국립의료원 소속 '사실상 노무종사자'의 경우 단체행동권을 행사할 수 있다(국가공무원법 제66조 제1항, 지방공무원법 제58조).

공무원 노조	설립근거	• 헌법 제33조 제2항의 규정에 의한 공무원의 노동기본권을 보장하기 위하여 노조법 제5조 단서의 규정에 근거하여 정함
	가입범위	• 6급 이하 일반직공무원 등으로 하되, 지휘·감독권의 행사 또는 조합과의 관계에서 행정기관의 입장에 서서 업무수행하는 공무원과 노동운동이 허용되는 사실상 노무에 종사하는 공무원과 교원인 공무원은 제외.
	노동3권 인정여부	• 단결권 및 단체교섭권(대상 : 노조사항, 보수복지, 기타 근무조건) 인정
	교섭대상	• 단체협약의 내용 중 법령·조례 또는 예산에 의하여 규정되는 내용은 단체협약으로서의 효력을 인정하지 아니함
	금지사항	• 정치활동을 할 수 없으며, 파업·태업 등 업무의 정상적인 운영을 저해하는 일체의 행위를 할 수 없도록 함.
	조정	• 조정기간 30일, 중앙노동위원회(공무원노동관계조정위원회)에서만 조정

제2절 단결권보장과 단결강제

Ⅰ. 서

1. 헌법상 단결권 보장

(1) 헌법 제33조 제1항에서는 근로조건 향상이라는 목적 하에서 근로자들에게 자주적인 단결권, 단체교섭권 및 단체행동권을 보장하고 있다.

(2) 단결권이란 근로자가 근로조건의 유지·개선 기타 경제적·사회적 지위의 향성을 목적으로 단결할 수 있는 권리를 말하며, 이러한 단결권을 근거로 하여 근로자들은 노동조합을 조직·운영할 수 있다.

2. 단결권과 결사의 자유와의 구별

단결권은 국가로부터의 자유인 자유권적 기본권으로서의 성질 뿐만 아니라 국가에 대한 권리인 생존권적 기본권으로서의 성질까지 갖는 것으로서, 자유권적 기본권인 결사의 자유와 구별된다.

Ⅱ. 소극적 단결권의 인정여부

1. 문제의 제기

(1) 헌법 제33조 제1항에서는 노동3권의 하나로 보장하고 있는 단결권은 단결할 수 있는 권리 즉, 적극적 단결권이 주된 내용을 이루고 있음은 동조의 취지상 당연한 사실이다.

(2) 그렇다면, 적극적 단결권 뿐만 아니라 소극적 단결권, 즉 단결하지 아니할 권리까지 단결권의 내용에 포함시킬 수 있을지가 문제되는 바, 이는 단결강제와 관련하여 중요한 의미를 지닌다.

2. 학설의 대립

(1) 긍정설

① 단결권은 근로자가 자유의사로 자신이 원하는 단결을 할 수 있는 권리를 의미하기 때문에 단결의 거부 역시 근로자의 자유이며, 이를 보장하지 않는 단결권은 무의미하다고 하여 소극적 단결권을 긍정한다.

② 따라서 Union Shop조항 등 단결강제조항은 단결권 또는 소극적 단결권을 침해하는 사인간의 합의로 위헌·무효로 본다(독일의 통설).

(2) 부정설

헌법 제33조 제1항의 단결권보장의 취지인 근로자의 생존권을 구현하기 위하여는 적극적 단결권만이 인정되며, 소극적 단결권은 근로자의 생존권보장을 저해하므로 인정해서는 안된다고 본다.[1]

3. 헌법재판소 결정례

(1) 헌법재판소는 2005.11.24. 당해 사업장에 종사하는 근로자의 3분의 2 이상을 대표하는 노동조합의 경우 단체협약을 매개로 한 조직강제(이른바 유니언 숍 협정의 체결)를 용인하고 있는 노조법 제81조 제2호 단서는 근로자의 단결권을 보장한 헌법 제33조 제1항 등에 위반되지 아니하고 평등의 원칙에도 위배되지 않는다는 결정을 선고하였다.

(2) 다수의견은 결정 이유에서 종전의 결정(헌재 1999.11.25, 98헌마 141)을 인용하면서 "헌법상 보장된 단결권은 단결할 자유만을 가리킬 뿐이고, 단결하지 아니할 자유, 그리고 가입한 노동조합을 탈퇴할 자유는 근로자에게 보장된 단결권의 내용에 포섭되는 권리가 아니라 헌법 제10조의 행복추구권에서 파생되는 일반적 행동의 자유 또는 제21조 제1항의 결사의 자유에서 그 근거를 찾을 수 있다."고 보면서도, "노동조합의 적극적 단결권은 근로자개인의 단결하지 않을 자유보다 중시된다고 할 것이어서 노동조합에 적극적 단결권(조직강제권)을 부여한다고 하여 이를 두고 곧바로 근로자의 단결하지 아니할 자유의 본질적인 내용을 침해하는 것으로 단정할 수는 없다"고 하였다.[2]

4. 검토

(1) 소극적 단결권을 지나치게 앞세우거나 적극적 단결권과 동등하게 보호한다면 단결권 자체를 형해화할 위험성이 있기 때문에 헌법 제33조 제1항의 단결권은 오직 적극적 단결권만을 보장하는 것이고, 소극적 단결권은 헌법 제10조 등에서 도출될 수 있다고 본다.

(2) 단결권은 자유권적 기본권과는 달리 시민법원리의 수정으로서 법적으로 보장된 생존권적 기본권의 성격을 겸유하고 있으며, 특히 사회적으로 약자일 수밖에 없는 근로자의 인간다운 생활을 위하여 보장된 권리임을 생각할 때, 소극적 단결권은 헌법상 단결권 보장의 내용에 포함된다고 할 수 없다고 본다.

---

1) 임종률,18면 외 ; 우리 나라의 다수설

2) 헌재 2005.11.24,2002헌바95 · 96,2003헌바9(병합) 전원재판부

Ⅲ. 단결강제의 인정범위

1. 문제의 제기

(1) 단결강제란 비조직 근로자의 의사와 관계없이 단체협약상의 단결강제조항을 통하여 노동조합가입을 강제시키는 것으로서 노동조합의 조직률과 통제력을 높임으로써 단결력을 강화시키는 유효한 수단이다.

(2) 헌법상 보장된 단결권은 적극적 단결권만을 의미한다고 볼 때 이러한 단결강제가 가능하다는 결론에 이르게 된다. 그렇다면 적극적 단결권은 무제한적으로 인정할 수 있을 것인가가 단결선택의 자유와 관련하여 문제된다.

2. 학 설

(1) 일반적 단결강제설

일반적으로 노동조합에의 가입강제가 가능하나, 특정 노조에의 가입강제는 허용되지 않는다는 견해로 다수설의 입장이다.

(2) 제한적 단결강제설

제한적 단결강제설은 특정노조로의 가입만을 강제하는 것도 가능하다는 견해이다.

3. 검 토

제한적 단결강제설은 헌법상 단결권의 내용 중의 하나인 '단결선택의 자유'를 침해할 수 있다는 문제가 있어 위헌의 소지가 있으므로, 일반적 단결강제 만이 가능하다는 일반적 단결강제설이 타당하다고 본다.

Ⅳ. 단결강제와 유니언 숍

1. 유니언 숍의 의의

사용자에 의하여 고용된 근로자는 일정한 기간 내에 노동조합에 가입할 것을 고용조건으로 하는 단체협약상의 조항을 유니온 숍(Union Shop) 조항이라 한다. 이러한 유니온 숍(Union Shop) 조항은 대표적인 단결강제 유형의 하나라 할 수 있다.

2. 현행법의 태도

(1) 비열계약 금지

노조법 제81조 제2호 본문에서는 "근로자가 어느 노동조합에 가입하지 아니할 것 또는 탈퇴할 것을 고용조건으로 하거나 특정한 노동조합의 조합원이 될 것을 고용조건으로 하는 행위"를 부당노동행위로 금지하고 있다.

(2) 유니온 숍 협정의 예외적 허용

그러나 노조법 제81조 제2호 단서에서는 "노동조합이 당해 사업장에 종사하는 근로자의 3분의 2 이상을 대표하고 있을 때에는 근로자가 그 노동조합의 조합원이 될 것을 고용조건으로 하는 단체협약의 체결은 예외로 하며, 이 경우 사용자는 근로자가 그 노동조합에서 제명된 것 또는 그 노동조합을 탈퇴하여 새로 노동조합을 조직하거나 다른 노동조합에 가입한 것을 이유로 근로자에게 신분상 불이익한 행위를 할 수 없다."고 규정함으로써 예외적으로 유니온 숍 협정을 허용하고 있다. 2010.1.1. 개정 시행된 개정법은 제한적 단결강제 형태의 유니온 숍 협정 허용 규정을 유지하되, 다른 노조를 조직하거나 다른 노조에 가입시 신분상 불이익 취급을 할 수 없도록 함으로써 단결강제와 단결선택의 자유의 조화를 도모하였는 바, 이는 바람직한 개정으로 판단된다.

3. 헌재결정 및 판례의 입장

(1) 헌법재판소 결정례

이 사건 법률조항은 단체협약을 매개로 하여 특정 노동조합에의 가입을 강제함으로써 근로자의 단결선택권과 노동조합의 집단적 단결권(조직강제권)이 충돌하는 측면이 있으나, 이러한 조직강제를 적법·유효하게 할 수 있는 노동조합의 범위를 엄격하게 제한하고, 지배적 노동조합의 권한남용으로부터 개별근로자를 보호하기 위한 규정을 두고 있는 등 전체적으로 상충되는 두 기본권 사이에 합리적인 조화를 이루고 있고 그 제한에 있어서도 적정한 비례관계를 유지하고 있으며, 또 근로자의 단결선택권의 본질적인내용을 침해하는 것으로도 볼 수 없으므로, 근로자의 단결권을 보장한 "헌법 제33조 제1항에 위반되지 않는다."고 함으로써 합헌 결정을 내린 바 있다.[3]

(2) 판례

대법원은 "유니언숍 협정이 체결된 노동조합을 탈퇴하여 조직대상을 같이 하면서 독립된 단체교섭권을 가지는 다른 노동조합에 가입한 근로자에 대해 유니온 숍 협정에 따라 행한 해고처분은 정당하다"고 판시한 바 있다.[4]

V. 기타의 단결강제 유형

1. 노조의 내부통제권

노동조합의 단결강제의 수단으로서 내부 통제권을 인정하고 있다. 이러한 내부통제권행사는 근로자의 생존권 및 조직력 강화와 직접 관련이 있는 것으로서 그 행사의 정당성은 단결권 보장의 취지에 따라 단결을 유지하고, 노동조합의 목적을 실현하는 데 필요한 범위 내에서 인정된다.

---

3) 헌재 2005.11.24, 2002헌바95 · 96, 2003헌바9(병합) 전원재판부
4) 대판 2002. 10. 25, 2000다23815

2. 단체협약배제조항

비조직근로자에게 단체협약의 이익을 전부 또는 일부를 사용자로 하여금 부여하지 못하도록 하는 일반적 단체협약배제조항과 특정조직 이외의 근로자에게 그 적용을 배제하는 제한적 단체협약 배제조항이 있다.

3. Shop 조항

(1) Closed Shop

이미 노동조합에 가입하고 있는 기존 조합원만을 고용할 것을 조건으로 하는 단체협약 내의 조항을 말한다.

(2) Union Shop

일단 사용자에 의하여 고용된 근로자는 일정한 기간 내에 노동조합에 가입해야 할 것을 고용조건으로 하는 단체협약상의 조항으로 일정기간 내에 가입하지 않거나 가입한 노동조합으로부터 제명 혹은 탈퇴하는 때에는 사용자는 그 근로자를 해고해야 할 의무를 지게 된다.

(3) Open Shop

조합에의 가입과 탈퇴가 자유로운 유형이다. Closed, Union Shop 은 강력한 단결강제 수단이 되나, Open Shop은 단결강제와 거리가 멀다.

(4) Agency Shop

조합가입이 강제되는 것은 아니나, 조합원이 아닐지라도 조합가입에 대신하여 조합비에 상당한 금액을 조합에 납입하게 하여 무임승차를 방지하기 위한 제도로서 연대금지급조항 또는 대리기관 숍이라고도 한다.

(5) Maintenance of Membership

가입여부는 자유에 맡기되 일단 조합원이 되면 조합원 자격을 유지해야 하고, 만약 조합에서 탈퇴하거나 조합으로부터 제명되었을 경우에는 사용자로 하여금 그 근로자를 해고하도록 하는 단체협약상의 조항을 말한다.

(6) Preferential Shop

사용자가 조합원 또는 비조합원의 여부에 상관없이 아무나 종업원으로 채용할 수 있으나, 인사이동, 해고 및 승진 등에 있어서 조합원에 우선적 특권을 부여하는 제도이다.

(7) 격차조항

사용자로 하여금 일정한 협약상의 급부에 대하여 조합원과 비조합원 사이에 격차를 유지할 의무를 지게 하는 단체협약상의 조항이다.

Chapter 2

노동조합
(설립요건, 기관, 조합원의 지위)

제1절 노동조합 서설

I. 노동조합의 의의

1. 개 념

노동조합이란 근로자가 주체가 되어 자주적으로 단결하여 근로조건의 유지 · 개선 기타 근로자의 경제적 · 사회적 지위의 향상을 도모함을 목적으로 조직하는 단체 또는 그 연합단체를 말한다(제2조 제4호).

2. 인정취지

노동조합은 헌법 제33조 제1항의 단결권보장의 취지에 따라, 사용자와의 개별적 근로관계에서 오는 형식적인 자유와 평등을 극복하고 집단적 자조를 통해 근로자의 근로조건 향상이라는 목적을 달성할 수 있도록 하기 위해 인정되는 것이다.

II. 노동조합의 조직형태

1. 개 요

노동조합은 근로자들이 자주적으로 조직하는 것이므로 그 조직형태도 근로자들이 자주적으로 결정한다. 일반적으로 구성원자격에 따른 유형과 결합방식에 따른 유형으로 나뉜다.

2. 구성원자격에 따른 유형

구 분	특 징	장 점	단 점
직종별 조합 (Craft Union)	① 동일직종에 속하는 근로자들이 횡적으로 결합한 단결체 ② 노동조합 최초 형태(인쇄공, 선반공 등) ③ 기업, 산업 초월, 동종의 숙련공 중심	① 단체교섭사항과 그 내용이 명확함 ② 조직의 단결력 강함, 어용화 가능성 적음 ③ 실업근로자도 가입 가능	① 유대강하여 배타적 · 독선적 경향 ② 전체근로자 단결에 분열초래 ③ 조합원과 사용자와의 관계 희박 ④ 미숙련, 연소자 불포함

산업별 조합 (Industrial Union)	① 동종산업에 종사자로 직종과 기업을 초월하여 횡적으로 결합한 단결체 ② 미숙련근로자가 노동시장에 방출된 결과 이를 보호코자 등장	① 동종 산업 종사자지위의 통일적 지위 개선 가능 ② 단체교섭력의 산업적·통일적 확보 가능 ③ 미숙련 근로자의 권익보호에 적합	① 내부조직 방대함으로 전조합원 의사반영 곤란, 단결력 형식화될 우려 ② 직종별, 기업별 특수성 반영 곤란 ③ 산업내부 직종간 대립과 반목 우려
기업별 조합 (Company Union)	① 특정기업에 사용되는 근로자에 의해 결성되는 종단적 노조형태 ② 직종별 공동의식이 미성숙한단계나 동종산업직종내 차이 클 때 성립	① 근로조건에 기업의 특수성 반영 가능 ② 조합결성 용이 및 참여의식 강함 ③ 사용자와 관계 긴밀, 노사 협조 가능	① 어용조합화의 위험 ② 기업내부의 각 직종간의 반목 대립 ③ 특정노조가 기업내 조직독점 가능 ④ 사업장내 분규 빈발

3. 결합방식에 따른 분류

구별 기준	가입단위가 개인 또는 조합인가 여부 또는 조합비 징수대상이 조합 또는 근로자 개인 여부에 따라 구별
단일 조직	① 중앙조직에 근로자 개인을 직접 구성원으로 하고 있는 조직형태 ② 각 지역 또는 기업별로 지부나 분회설치 가능하나 이는 단일조직의 구성원이 아니며 자주적인 결정권행사 불가
연합체 조직	① 단일조합을 구성원으로 하는 조직형태로 구성원은 개인근로자가 아니라 이들로 구성된 독자적인 노동조합이다. ② 노조법상 연합체조합은 동종산업단위의 단위노동조합을 구성원으로 하는 산업별 연합단체와 산업별 연합단체 또는 전국규모의 산업별 단위노동조합을 구성원으로 하는 총연합단체를 말한다(제10조 제2항). 연합체조직은 연합체의 규약에 의하여 통일적인 단체로서의 성격을 갖기에 협의체와 다르다. ③ 노동조합의 소속연합단체와의 관계(영 제8조) ⓐ 단위노동조합이 산업별 연합단체인 노동조합에 가입하거나, 산업별 연합단체 또는 전국규모의 산업별 노동조합이 총연합단체인 노동조합에 가입한 경우에는 당해 노동조합은 소속 산업별 연합단체인 노동조합 또는 총연합단체인 노동조합의 규약이 정하는 의무를 성실하게 이행하여야 한다. ⓑ 총연합단체인 노동조합 또는 산업별 연합단체인 노동조합은 당해 노동조합에 가입한 노동조합의 활동에 대하여 협조·지원 또는 지도할 수 있다. ⓒ 2이상의 산업에 속하는 사업 또는 사업장에 설립된 단위노동조합이 산업별 연합단체인 노동조합에 가입하는 경우에는 그 사업 또는 사업장의 근로자수가 많은 산업 종류에 따른다.

4. 우리나라 노동조합의 조직형태

(1) 1953년 노동조합법 제정

노동조합의 조직형태에 대하여는 아무런 규정을 두지 아니하였으나, 실질적으로는 기업별 조합형태를 취하였다.

(2) 1963년 노동조합법 개정

필요상 산업별 조합형태로 강제되었다.

(3) 1973년 노동조합법 개정

산업별 조합형태에 관한 규정을 삭제하였다.

(4) 1980년 노동조합법 개정

기업별 조합형태로 강제되었다.

(5) 1987년 노동조합법 개정 이후

기업별 조합의 강제규정이 삭제되어 조직형태에 관하여 자유로운 선택이 가능하게 되었다.

제2절 노동조합의 설립요건

Ⅰ. 서설

(1) 노동조합이 성립하자면 실질적 요건(제2조 제4호)과 형식적 요건(제10조 ~ 제12조)을 갖추어야 한다.

(2) 이에 관하여 학설의 대립이 있으나, 다수설은 법 제2조 제4호를 노동조합의 실질적 요건으로서의 적극적 요건과 소극적 요건을 규정한 것으로 파악하고, 이와 아울러 법 제10조 이하의 행정관청에 대한 신고를 형식적 요건으로 파악하고 있다.

(3) 법상 규정된 요건을 갖추지 않은 노동조합을 법외노조라 한다. 대외적 자주성과 관련된 실질적 요건을 갖추지 못한 노동조합은 노동조합이라고 할 수 없으나, 대내적 민주성과 관련된 형식적 요건을 갖추지 못한 노동조합은 노조법상 일정한 제한이 따를 뿐, 사용자와의 단체교섭이 가능하고 정당한 단체교섭 및 단체행동에 대해서는 민ㆍ형사 책임이 면제된다.

Ⅱ. 노동조합의 실질적 설립요건(대외적 자주성)

1. 의의

법 제2조 제4호는 본문에서 노동조합이 될 수 있는 적극 요건을 노동조합의 정의로서 규정하고, 단서에서 노동조합으로서의 자격을 상실하는 일련의 결격요건을 규정하고 있다. 본문은 적극적 요건, 단서는 소극적 요건인 것이다.

2. 적극적 요건

(1) 주 체

① 먼저 노동조합은 「근로자」 가 주체가 되어야 한다. 여기서의 '근로자'라 함은 직업의 종류를 불문하고 임금ㆍ급료 기타 이에 준하는 수입에 의하여 생활하는 자로서 실업자까지를 포함하는 광의의 개념이다.

② 근로자가 「주체」 가 된다는 것은 노동조합의 구성원 중 대부분이 근로자라는 양적인 면과 노동조합의 결성에 있어서 근로자가 주도적인 위치에 있어야 한다는 질적인 면의 두 가지를 의미한다.

※ 근로자의 개념 정리

구 분		근기법상의 근로자	노조법상의 근로자
구별기준		• 사업 또는 사업장에 고용된 것을 전제 • 고용의 대가를 임금에 국한함 • 근로자를 개별적 보호대상으로 파악함 • 근로조건 최저기준으로 보호받을 대상자	• 고용을 전제로 하지 않음 • 임금, 급료 기타 수입을 불문함 • 근로자를 집단적 보호대상으로 파악함 • 노동조합에 가입할 필요가 있는 모든 자
요건	직업 종류 불문	• 육체 · 정신노동 또는 일용 · 상용근로 불문	
	근로 제공 여부	• 근로계약을 전제로 사업 · 사업장에서 현실적인 근로 제공자(통설 · 판례)	• 불요설이 다수설로서 취업자, 실업자, 해고자 등 모두 포함
	임금 관련성	• 임금을 목적으로 근로를 제공하는 자	• 임금, 급료 기타 이에 준하는 수입에 의하여 생활하는 자로서 임금수입자는 물론 현재의 임금을 지급받지 못하는 실업자도 근로자임(통설 · 판례)

(2) 자주성

① 노동조합은 근로자가 「자주적」으로 단결하여야 한다. '자주적'이라 함은 국가 · 정치단체나 사용자 등 외부의 지배 · 간섭을 받지 않고 근로자 스스로 노동조합을 결성하고 운영하여야 한다는 것을 말한다.

② 사용자로부터 노동조합의 독립성을 확보하기 위해 사용자나 사용자의 이익대표자의 조합참가와 사용자의 주된 경비원조를 금지하고 있다(제2조 제4호 가 · 나목).

(3) 목 적

① 노동조합은 근로조건의 유지 · 개선 기타 근로자의 경제적 · 사회적 지위의 향상을 도모함을 목적으로 하여야 한다.

② 여기에서 「근로조건」이라 함은 임금 · 근로시간 · 복지 · 해고 기타 대우 등을 말한다.

③ 노동조합의 주된 목적이 근로조건의 유지 · 개선에 있는 이상 그 주된 목적을 달성하기 위하여 부수적으로 공제 · 수양 · 복리사업을 행하거나 정치 · 사회 및 문화 활동을 하더라도 노동조합의 자격에 영향을 미치는 것은 아니다.

(4) 사단으로서의 조직성

민법상 사단으로서의 조직성을 갖추어야 한다. 즉, 2인 이상의 근로자를 구성원으로 하면서 정관 · 명칭 · 소재지와 대표기관을 갖추어야 한다.

3. 소극적 요건(결격요건)

(1) 사용자 또는 항상 그의 이익을 대표하여 행동하는 자의 참가를 허용하는 경우(가목)

① 본목의 입법취지는 노동조합의 자주성을 확보하고 조합이 어용화되는 것을 방지하기 위한 것이다.

② 사용자는 사업주, 사업경영담당자 또는 그 사업의 근로자에 관한 사항에 대하여 사업주를 위하여 행동하는 자를 말한다(노조법 제2조 제2호).

③ '항상 사용자의 이익을 대표하여 행동하는 자'의 예로는 비서와 인사회계 및 노동관계에 관한 기밀사무를 담당하고 있는 자, 노무부서의 직원, 회사경비를 맡은 수위 등을 들 수 있다.[5]

관련판례 노조법상 사용자의 범위

1. 노동조합법 제2조제2호, 제4호 단서 가목에 의하면, 노동조합법상 사용자에 해당하는 사업주, 사업의 경영담당자 또는 그 사업의 근로자에 관한 사항에 대하여 사업주를 위하여 행동하는 자와 항상 사용자의 이익을 대표하여 행동하는 자는 노동조합에의 참가가 금지되는데, 그 취지는 노동조합의 자주성을 확보하려는 데 있다. 여기서 '그 사업의 근로자에 관한 사항에 대하여 사업주를 위하여 행동하는 자'라 함은 근로자의 인사, 급여, 후생, 노무관리 등 근로조건의 결정 또는 업무상의 명령이나 지휘감독을 하는 등의 사항에 대하여 사업주로부터 일정한 권한과 책임을 부여받은 자를 말하고, '항상 사용자의 이익을 대표하여 행동하는 자'라 함은 근로자에 대한 인사, 급여, 징계, 감사, 노무관리 등 근로관계 결정에 직접 참여하거나 사용자의 근로관계에 대한 계획과 방침에 관한 기밀사항 업무를 취급할 권한이 있는 등과 같이 그 직무상의 의무와 책임이 조합원으로서의 의무와 책임에 직접적으로 저촉되는 위치에 있는 자를 의미하므로, 이러한 자에 해당하는지 여부는 일정한 직급이나 직책 등에 의하여 일률적으로 결정되어서는 아니 되며, 그 업무의 내용이 단순히 보조적·조언적인 것에 불과하여 그 업무의 수행과 조합원으로서의 활동 사이에 실질적인 충돌이 발생할 여지가 없는 자도 이에 해당하지 않는다고 할 것이다.

2. 과장급 이상의 직원들로서 소속 직원의 업무분장·근태관리 등에 관하여 전결권을 부여받은 자들은 '근로자에 관한 사항에 대하여 사업주를 위하여 행동하는 자'에 해당한다고 볼 수 있다. 그러나 주임급 이하의 직원들의 경우 그들이 인사, 노무, 예산, 경리 등의 업무를 담당한다거나 총장의 비서 내지 전속 운전기사, 수위 등으로 근무한다는 사정만으로 그들이 곧바로 '항상 사용자의 이익을 대표하여 행동하는 자'에 해당한다고 할 수 없고, 실질적인 담당 업무의 내용 및 직무권한 등에 비추어 볼 때 그 직무상의 의무와 책임이 노동조합원으로서의 의무와 책임에 저촉되는 것으로 평가할 수 있을 때에만 '항상 사용자의 이익을 대표하여 행동하는 자'에 해당한다고 할 수 있다(대법 2011.09.08, 2008두13873).

---

5) 1987.4.15, 노조01254-6139

관련행정해석 팀장, 전산담당 직원 등이 사용자에 해당되는지 여부

[질 의]

A대학교의 교직원 중 아래의 업무를 담당하는 팀장, 기획, 인사, 감사, 경리 · 회계 담당직원 및 비서 · 운전 기사, 경비직원에 대하여 학교측은 노조법상의 사용자 또는 그 이익대표자에 해당되어 조합원 자격이 없는 것으로 보고 있으나 이에 대해 노동조합과 논란이 있어 질의하니 귀 부의 의견은

- 팀장 : 소속직원에 대한 1차 근무성적 평정자로서 소속직원에 대한 업무지시 및 감독, 근태관리 등을 수행
- 기획 : 학교의 조직편제 및 관리, 중 · 단기 발전계획 수립, 제 규정의 제정 · 개폐, 예산편성, 교직원의 보수책정 등 담당
- 인사 : 정원관리, 채용 · 승진 · 전보, 근무성적 평정, 복무 및 상벌, 교육훈련, 연구실적 등 담당
- 감사 : 직무진단 · 심사분석, 내부감사, 예산집행 분석 및 보고
- 경리 · 회계 : 회계 · 결산 및 장부관리, 수입 · 지출, 급여 정산지급, 제세공과금 납부 등
- 전산 : 대학행정 업무의 전산화, 네트워크 관리 및 홈페이지 운영, 전화 등 통신 운영 및 관리, 교내 서버관리 등
- 비서 · 기사 : 이사장 및 총장의 비서 및 기사
- 경비 : 수위로서 교내 출입자의 감시 · 통제, 순찰 등

[회 시]

1. 노동조합 및 노동관계조정법 제2조제4호 가목에서 노동조합의 결격사유의 하나로 "사용자 또는 항상 그의 이익을 대표하여 행동하는 자의 참가를 허용하는 경우"를 정하고 있는 것은 사용자에 해당하는 자가 노동조합에 가입하여 노동조합의 운영에 지배 · 개입하는 행위를 방지하여 노동조합의 자주성을 보호하는 한편, 사용자의 노무 관련 기밀에 관한 사항이 노동조합에 누설됨을 예방하여 노사 교섭력의 균형을 기하고자 하는 데 그 입법취지가 있는 바,

- 사용자 또는 그 이익대표자에 해당되는지 여부에 대하여는 형식적인 직급 명칭이나 지위보다는 회사 규정의 운영실태, 구체적인 직무내용 및 근로자에 관한 사항에의 관여정도 등 구체적인 사실관계를 토대로 인사 · 급여 · 후생 · 노무관리 등 근로조건의 결정 또는 업무상의 명령이나 지휘감독을 하는 등의 사항에 대하여 사업주 또는 사업의 경영담당자로부터 일정한 권한과 책임을 부여받고 있는지 여부, 근로관계에 대한 계획과 방침 등 사용자의 기밀에 속하는 사항을 접하고 있어 그 직무상의 의무와 책임이 조합원으로서의 성의와 책임에 직접적으로 저촉되는지 여부 등을 종합적으로 고려하여 판단하여야 할 것임.

2. 〈팀장〉의 사용자 해당 여부에 대하여

귀 질의 내용과 같이 "팀장"이 학교장으로부터 일정 범위의 업무에 대한 전결권을 위임받아 해당 부서의 소속 직원들을 지휘 · 감독하며 근태관리 및 근무성적을 평정하는 경우라면 사용자에 해당한다고 볼 수 있을 것이나, 구체적으로는 상기 기준에 따라 그 직무내용 및 권한과 책임의 정도 등을 살펴 판단하시기 바람.

3. 〈기획, 인사, 감사, 경리·회계 담당직원, 사용자의 비서·운전기사, 경비직〉의 사용자 해당 여부에 대하여

　　귀 질의와 같이 근로자들이 수행하는 업무의 성격이 근로조건의 결정 또는 노동관계에 대한 계획과 방침의 결정 등과 관련하여 사용자를 지원하고 사용자의 기밀에 속하는 사항을 접하고 있는 경우라면 사용자의 이익을 대표하여 행동하는 자로 볼 수 있을 것임. 따라서, 동 근로자들이 귀 대학교의 예산 편성(통제·조정) 및 보수책정 업무, 인사 및 감사업무, 경리·회계업무 등을 전담하고 있거나 사용자에 전속되어 사용자의 업무를 보조하거나 학교의 물적·인적 재산관리와 보안책임을 맡고 있는 경우라면 달리 볼 사정이 없는 한 사용자의 이익을 대표하여 행동하는 자에 해당될 수 있다고 봄.

4. 〈전산 담당 직원〉의 사용자 해당 여부에 대하여

　　"전산담당 직원"의 경우 전산관리 업무를 수행하고 있다는 이유만으로 사용자의 이익을 대표하여 행동하는 자에 해당된다고 보기는 어려울 것이므로 동 규정의 입법취지와 상기 사용자성 판단기준을 참고하여 판단하시기 바람.(노사관계법제팀-273 , 2006-01-31)

(2) 경비의 주된 부분을 사용자로부터 원조 받는 경우(나목)

　　① 입법취지는 노동조합이 재정적인 측면에서 사용자로부터 자주성을 유지하기 위한 것이다.

　　②「경비」라고 함은 노동조합 운영에 소요되는 모든 비용을 말한다.

　　③「주된 부분」이라 함은 대부분이라는 뜻이므로 경비의 일부를 지원 받는 것은 무방하다.

(3) 공제·수양 기타 복리사업만을 목적으로 하는 경우(다목)

　　① 이것은 노동조합의 목적에 비추어 당연한 일이므로, 조합원의 근로조건의 유지·개선이라는 본래의 목적을 떠나 공제·수양 기타 복지사업만을 목적으로 하는 단체는 근로자가 자주적으로 조직했다하여도 노동조합이라고 할 수 없다.

　　② 다만, 노동조합이 근로조건의 유지·개선을 추구함과 동시에 부차적으로 공제사업 기타 복리사업을 운영하는 것은 무방하다.

(4) 근로자가 아닌 자의 가입을 허용하는 경우(라목)

　　① 노동조합의 적극적 요건 중 주체에 결함이 있는 경우이다. 이는「사용자 또는 그의 이익대표자」이외에 여타 비 근로자의 가입을 허용한 경우도 법상 노동조합으로 볼 수 없다는 취지이다.

　　② 직종별 또는 산업별 조합의 형태를 선택한 경우에는 취업자는 물론 미취업자도 당연히 노동조합에 가입할 수 있으나, 기업별 조합의 형태를 선택한 경우에는 당해 기업에 고용된 취업자만이 조합원의 자격을 갖는다고 할 것이다.

③ 다만, 해고된 자가 노동위원회에 부당노동행위의 구제신청을 한 경우에는 중앙노동위원회의 재심판정이 있을 때까지는 근로자가 아닌 자로 해석하여서는 아니 된다(동목 단서). 이는 '기업별 노동조합'의 조합원이 사용자로부터 해고됨으로써 근로자성이 부인될 경우에 대비하여 마련된 규정이다.[6]

(5) 주로 정치활동을 목적으로 하는 경우(마목)

① 현행법에서는 노동조합의 정치활동금지 규정을 삭제하여 다른 사회단체와 같이 정치 관련법령의 규정[7]에 따라 규율하도록 하되, 주로 정치활동을 목적으로 하는 경우에는 노동조합으로 보지 않는다는 취지이다.

② 다만, 주된 목적을 달성하기 위하여 부수적으로 정치활동을 하는 것은 무방하다.

Ⅲ. 형식적 요건(대내적 민주성)

1. 의 의

(1) 노동조합을 설립하고자 할 때에는 행정관청에게 설립신고를 하여야 한다. 이를 조합의 형식적 요건이라 한다.

(2) 노동조합의 형식적 요건은 노동조합의 민주성을 확보하기 위한 방안으로 요구되는 것이다.

2. 설립신고

① 노동조합을 설립하고자 할 때에는 법 제10조 제1항에서 정한 일정한 사항을 기재한 신고서에 규약을 첨부하여 연합단체인 노동조합과 2 이상의 특별시·광역시·도·특별자치도에 걸치는 단위노동조합은 고용노동부장관에게, 2 이상의 시·군·구(자치구를 말한다)에 걸치는 단위노동조합은 특별시장·광역시장·도지사에게, 그 외의 노동조합은 특별자치도지사·시장·군수·구청장(자치구의 구청장을 말한다.)에게 제출하여야 한다(제10조).

② 근로조건의 결정권이 있는 독립된 사업 또는 사업장에 조직된 노동단체는 지부·분회 등 명칭여하에 불구하고 노동조합의 설립신고를 할 수 있다(영 제7조).

---

6) 대판 2004.2.27, 2001두8568

7) 정치자금법(제31조)은 노동조합의 정치자금기부를 금지하고 있으나, 공직선거법(제87조)은 노동조합의 선거운동을 허용하고 있다.

3. 설립신고서의 기재사항 (제 10조 제1항 제1호~제6호)

① 노동조합의 명칭
② 주된 사무소의 소재지
③ 조합원 수
④ 임원의 성명과 주소
⑤ 소속된 연합단체가 있는 경우에는 그 명칭
⑥ 연합단체인 노동조합에 있어서는 그 구성노동단체의 명칭, 조합원 수, 주된 사무소의 소재지 및 임원의
성명·주소

4. 신고증 교부 및 신고서류의 반려

(1) 신고증 교부

고용노동부장관, 특별시장·광역시장·도지사·특별자치도지사 또는 시장·군수·구청장(이하 "행정관청" 이라 한다)은 설립 신고서를 심사하여 노동조합의 설립에 결함이 없다고 판단되면 신고증을 교부하여야 하며, 이는 접수일로부터 3일 이내에 하여야 한다(제12조 제1항).

(2) 설립신고서류의 보완·반려

① 보완요구

행정관청은 설립신고서 또는 규약이 기재사항의 누락 등으로 보완이 필요한 경우에는 대통령령이 정하는 바에 따라 20일 이내의 기간을 정하여 보완을 요구하여야 한다. 이 경우 보완된 설립신고서 또는 규약을 접수한 때에는 3일 이내에 신고증을 교부하여야 한다(동조 제2항, 영 제9조 제1항).

② 반려처분

행정관청은 설립하고자 하는 노동조합이 다음에 해당하는 경우에는 설립신고서를 반려하여야 한다(제12조 제3항).
㉠ 신고된 노동조합이 법 제2조 제4호 각목(결격요건)에 해당되어 노동조합의 요건을 갖추지 못한 경우
㉡ 보완을 요구하였음에도 불구하고 그 기간 내에 보완을 하지 아니하는 경우

5. 설립사항 결함의 사후시정 및 결격통보

노동조합이 설립신고증을 교부받은 후 설립신고서의 반려사유가 발생한 경우에는 행정관청은 30일간의 기간을 정하여 그 시정을 요구하고, 그 기간 내에 이를 이행하지 아니하는 경우에는 당해 노동조합에 대하여 노동조합으로서의 자격이 없음을 통보하여야 한다(영 제9조 제2항).

6. 노동조합의 설립시기

　　노동조합이 신고증을 교부받은 경우에는 설립신고서가 접수된 때에 설립된 것으로 본다(동조 제4항). 구법에서는 이와 같은 규정이 없어 설립시기에 관하여 학설의 대립이 있었으나 현행법에서 이를 입법적으로 해결하였다.

7. 변경사항의 신고 및 통보

(1) 변경신고

　　노동조합은 설립 신고된 사항 중 다음에 해당하는 사항에 변경이 있는 때에는 그 날부터 30일 이내에 행정관청에 변경신고를 하여야 한다(제13조 제1항).
　① 명칭　　　　　　　　　② 주된 사무소의 소재지
　③ 대표자의 성명　　　　　④ 소속된 연합단체의 명칭

(2) 통 보

　　노동조합은 매년 1월 31일까지 다음의 사항을 행정관청에 통보하여야 한다(제13조 제 2항).
　① 전년도에 규약의 변경이 있는 경우에는 변경된 규약내용
　② 전년도에 임원의 변경이 있는 경우에는 변경된 임원의 성명
　③ 전년도 12월 31일 현재의 조합원수(연합단체인 노동조합에 있어서는 구성단체별 조합원수)

Ⅳ. 법외노조

1. 의 의

　　법외노조란 법 제2조 제4호가 규정하는 실질적 요건과 제10조와 제11조에 규정된 형식적 요건의 양자 또는 어느 한 쪽을 결한 조합을 말한다.

2. 법외노조의 권리제한

(1) 법 제7조의 규정에 의한 제한

　① 노동쟁의의 조정신청자격 부인(제7조 제1항)
　　따라서 노동위원회에 의한 조정, 중재 등을 요청할 수 없다.
　② 부당노동행위의 구제신청자격 부인(동조 제1항)
　　그러나 재판상 구제신청이나 근로자 개인의 구제신청은 가능하다.
　③ 노동조합명칭 사용불가(동조 제3항)

(2) 법 제7조의 해석에 의한 제한

> ① 근로자위원추천자격 부인(노동위원회법 제6조)
> ② 단체협약의 지역적 구속력 효력확장적용 신청자격 부인(노조법 제36조)
> ③ 법인격 취득자격 부인(노조법 제6조)
> ④ 조세면제특권 부인(노조법 제8조)

3. 법외노조의 지위

(1) 비민주적 노조(헌법상 노조)

① 설립신고 이전까지의 근로자단체가 형식적 요건만을 결할 뿐, 실질적 요건을 갖추고 있다면 노동조합으로서의 실체를 갖추고 있으므로 법 제7조 소정의 불이익 이외의 여타 노동관계에 있어서는 법내조합과 동일하게 해석하여야 할 것이다.

② 따라서 자주성을 갖춘 근로자단체는 헌법상의 단결체의 법적 지위를 보유하며, 정당한 쟁의 행위에 대하여는 법 제3조와 제4조 소정의 민·형사면책이 인정되며, 단체협약체결능력도 인정된다.

(2) 비자주적 노조(비노조)

① 노동조합의 자주성을 확보하기 위한 실질적 요건을 결한 경우는 시민법상의 결사체에 불과한 것으로 헌법상 보장하고 있는 단결체가 아니므로 단체협약체결능력을 인정할 수 없고, 쟁의행위의 민·형사면책이 부인되며, 노동조합의 명칭도 사용할 수 없다.

② 아무리 형식적 요건을 갖추었다 하더라도 노동조합으로서의 실질적 요건을 갖추지 못하면 노동조합이 아니다.

제3절 조합원의 지위

Ⅰ. 조합원의 지위의 취득

1. 개 요

　"노동조합"이라 함은 근로자가 주체가 되어 자주적으로 단결하여 근로조건의 유지·개선 기타 근로자의 경제적·사회적 지위의 향상을 도모함을 목적으로 조직하는 단체 또는 그 연합단체를 말한다(노조법 제2조 제1호).

　조합원으로서의 지위는 이러한 노동조합을 결성하거나 노동조합에의 가입에 의하여 취득된다.

　이와 관련하여 노조법 제5조에서는 "근로자는 자유로이 노동조합을 조직하거나 이에 가입할 수 있다"고 하여 자유설립주의를 취하고 있으며, 조합가입의 자격과 절차 등은 규약에서 정하는 바에 따른다.

2. 새로운 노동조합의 결성

　조합원의 자격은 새로운 노동조합의 결성에 참여함으로써 취득되어진다.

　조합결성은 근로자들이 공동으로 참여하고 스스로 그 조직체의 구성원으로 되는 것을 말하며, 노동조합의 결성행위는 근로자들이 방향을 같이하는 2개 이상의 의사표시를 합치시킴으로써 이루어지는 이른바 '합동행위'라고 해석된다.

　미성년자라도 단독으로 조합결성이나 가입행위를 할 수 있다. 조합원의 권리와 의무는 조합원에게 일신 전속적으로 귀속되는 성질을 갖고 있고, 집단적 노사관계에는 노동조합의 본질상 민법상 행위무능력자 제도가 적용되지 않기 때문이다.

3. 기존 노동조합에의 가입

(1) 조합가입은 근로자의 가입신청의 의사표시와 노동조합의 승낙이라는 의사표시의 합치에 의하여 성립한다. 따라서 조합가입은 '계약'에 기한 것이다.

(2) 법 제9조는 「노동조합의 조합원은 어떠한 경우에도 인종·종교·성별·정당 또는 신분에 의하여 차별대우를 받지 아니 한다」고 규정하고 있다. 이 규정은 조합가입 후 뿐만 아니라, 가입하는 경우에 있어서도 차별대우를 금지하는 것이라고 해석된다. 따라서 특정 종교 등을 이유로 조합가입을 거부하는 규약은 무효라고 보아야 할 것이다.

(3) 근로자가 규약에서 정한 조합원의 자격을 갖추고 있음에도 불구하고 노동조합이 조합가입을 승인하지 않은 경우에는 조합가입의 의사표시가 노동조합에 도달한 때에 조합가입을 인정하는 것이 타당하다.

(4) 특히 "유니언 숍 협정이 있는 사업장의 일부 조합원이 노동조합에 불만을 품고 탈퇴하였다가 다시 재가입 신청을 하였으나 그들 중 일부만의 가입을 승인하고 나머지에 대하여는 승인을 거부한 것은 권리남용 내지 신의칙 위반"이라고 판시하고 있다.

관련판례 노동조합이 조합가입을 거부할 수 있는지 여부

조합이 조합원의 자격을 갖추고 있는 근로자의 조합 가입을 함부로 거부하는 것은 허용되지 아니하고, 특히 유니언 숍 협정에 의한 가입강제가 있는 경우에는 단체협약에 명문 규정이 없더라도 노동조합의 요구가 있으면 사용자는 노동조합에서 탈퇴한 근로자를 해고할 수 있기 때문에 조합측에서 근로자의 조합 가입을 거부하게 되면 이는 곧바로 해고로 직결될 수 있으므로 조합은 노조가입 신청인에게 제명에 해당하는 사유가 있다는 등의 특단의 사정이 없는 한 그 가입에 대하여 승인을 거부할 수 없다.

따라서 조합 가입에 조합원의 사전 동의를 받아야 한다거나 탈퇴 조합원이 재가입하려면 대의원대회와 조합원총회에서 각 3분의 2 이상의 찬성을 얻어야만 된다는 조합 가입에 관한 제약은 그 자체가 위법 부당하므로, 특별한 사정이 없는 경우에까지 그와 같은 제약을 가하는 것은 기존 조합원으로서의 권리남용 내지 신의칙 위반에 해당된다. 유니언 숍 협정이 있는 사업장의 일부 조합원이 노동조합에 불만을 품고 탈퇴하였다가 다시 재가입 신청을 하였으나 그들 중 일부만의 가입을 승인하고 나머지에 대하여는 승인을 거부한 것은 권리남용 내지 신의칙 위반에 해당된다(대법 1996.10.29, 96다28899).

Ⅱ. 조합원지위의 상실

1. 개 요

조합원으로서의 지위는 조합원이 사망한 경우 당연히 상실하게 되며, 기타 법령 또는 규약에서 정한 사유 발생, 조합규약상의 자격상실, 기업별노조에서의 퇴직 또는 해고, 탈퇴, 제명 및 조합의 해산 등에 의하여 상실된다.

2. 법령 또는 규약에서 정한 사유 발생

(1) 법령에서 정한 사유 발생

조합원이 법령에서 정한 자격을 상실한 경우에는 원칙적으로 조합원으로서의 지위를 상실한다. 근로자가 승진·승급함으로써 사용자 또는 사용자의 이익을 대표하는 자(제2조 제4호 가목)가 된 경우가 대표적인 예이다.

(2) 규약에서 정한 사유 발생

노동조합은 근로자의 자주적인 단체이므로 누구를 조합원으로 할 것인지 여부는 법령에 위반하거나 반사회질서에 해당되지 않는 한, 노동조합 스스로 규약에서 결정할 사항이다. 따라서 규약으로 조합원의 자격 또는 범위를 정한 경우에 조합원이 그 요건을 결여한 때에는 조합원의 지위를 상실한다.

3. 퇴직 또는 해고

조합원의 자격을 당해 기업의 취업근로자에게만 한정하고 있는 기업별 조합의 경우 조합원이 퇴직 또는 해고되어 근로관계가 종료하면 조합원으로서의 지위를 상실한다.

다만, 해고된 조합원이 노동위원회에 부당노동행위의 구제를 신청한 경우에는 중앙노동위원회의 재심판정이 있을 때가지 조합원의 지위를 유지한다(노조법 제2조 4호 라목 단서).

4. 조합에서의 탈퇴

(1) 탈퇴라 함은 조합원이 자신의 자발적 의사에 의하여 조합원의 지위를 종료시키는 것을 말한다. 조합에서의 탈퇴 여부는 조합원 개인의 자유이다.

(2) 원칙적으로 조합원의 탈퇴의사 표시가 노동조합에 도달한 때 발생한다. 다만, 조합규약에서 탈퇴의 절차나 요건을 정한 때에는 그 절차나 요건이 부당하지 않은 한 그 절차나 요건을 이행한 때 비로소 효력이 발생한다.

(3) Union Shop 협정 하에서 탈퇴할 경우 신분상 불이익 처분이 가해질 수 있다.[8] 판례는 "이른바 유니언 숍(Union Shop) 협정은 노동조합의 단결력을 강화하기 위한 강제의 한 수단으로서 근로자가 대표성을 갖춘 노동조합의 조합원이 될 것을 '고용조건'으로 하고 있는 것이므로 단체협약에 유니언 숍 협정에 따라 근로자는 노동조합의 조합원이어야만 된다는 규정이 있는 경우에는 다른 명문의 규정이 없더라도 사용자는 노동조합에서 탈퇴한 근로자를 해고할 의무가 있다"고 판시하고 있다.[9]

(4) 다만, 새로운 노동조합을 조직하거나 다른 노동조합에 가입할 목적으로 탈퇴할 경우에는 신분상 불이익한 행위를 할 수 없다.

(5) 탈퇴 조합원은 조합원으로서의 권리와 의무를 상실하고, 노동조합의 재산에 대한 재산분할 청구권이 인정되지 않는다.

5. 조합에서의 제명

노동조합은 내부통제권 행사로 통제불복종 조합원에 대해 일정한 제재를 부과할 수 있으며, 조합원이 노동조합으로부터 제명을 당한 경우 조합원으로서의 자격을 상실하게 된다. 이와 같이 제명의 경우 조합원의 단결권을 침해할 우려가 있는 바, 조합규약에 제명 사유와 절차를 명확하고 구체적으로 정하여야 한다.

---

8) 대판 1995.2.28. 94다15363.
9) 대판 1998.3.24. 96누16070

제명처분은 조합 총회의 전권사항이어야 하며 다른 의결기관에 그 권한을 이양할 수 없다. 또한 제명은 그 중요성에 비추어 제16조 제2항 단서(임원의 해임)를 준용하여 최소한 재적 과반수의 출석과 출석 조합원 3분의 2이상의 찬성이 있어야 한다고 본다.

노동조합으로부터 제명을 당하더라도 사용자와의 근로관계에는 아무런 영향을 미치지 않는다. 설사 Union Shop 협정이 체결된 노동조합의 경우에 있어서도 같다(법 제81조 제2항 단서). Union Shop 협정 하에서 제명된 근로자에 대한 해고의무를 부과할 경우 노동조합에 해고권을 부여하는 것과 같기 때문이다.

6. 조합의 해산

조합이 해산하여 청산절차를 거쳐 소멸하는 경우 조합원의 지위는 상실한다. 다만, 해산절차를 진행하는 경우 그 청산의 목적범위 안에서 권리를 행사하고 의무를 부담한다.

Ⅲ. 조합원의 권리

1. 조합운영 및 관리에 관한 권리

(1) 균등하게 참여할 권리 · 의무(제22조)

노동조합 조합원은 균등하게 그 노동조합의 모든 문제에 참여할 권리와 의무를 가진다. 그러나 노동조합은 그 규약으로 조합비를 납부하지 아니한 조합원의 권리를 제한할 수 있다.

(2) 총회의 출석 · 의결권(제16조) 및 임시총회소집요구권(제18조 제2항)

조합원은 총회에 출석하여 발언하고 의결에 참여할 권리를 가지며 조합원 또는 대의원의 1/3 이상이 회의에 부의할 사항을 제시하고 임시 총회 소집을 요구할 수 있다.

(3) 조합임원 및 대의원 선거권 · 피선거권(제16조 제1항 제2호, 제17조 제2항)

조합원은 그 조합의 임원을 선출하고 또한 자신이 임원으로 선출 될 수 있는 권리를 가지며, 임원을 해임 할 수 있다. 또한 총회에 갈음할 대의원회를 두는 경우 조합원을 대의원으로 선출하거나 선출될 수 있는 권리를 가진다.

(4) 조합운영상황공개요구권(제26조)

노동조합의 대표는 회계연도마다 결산결과와 조합의 운영상황을 공표하여야 하며, 조합원의 요구가 있을 때에는 언제든지 이를 열람하게 하여야 한다.

2. 조합재산에 관한 권리

(1) 조합의 재산은 조합원이 납부하는 일정액의 조합비 기타 납입금 등으로 형성되는 바, 이러한 조합재산에 대하여 조합원이 권리를 갖는 것은 당연하다. 따라서 조합원은 조합시설 및 기금을 이용할 수 있다.

(2) 조합 해산시 또는 조직 변경시 재산분할청구권이 인정될 수 있지만, 조합 탈퇴시에는 재산분할
청구권이 인정되지 않는다.

Ⅳ. 조합원의 의무

1. 균등하게 참여할 의무(제22조)

노동조합 조합원은 균등하게 그 노동조합의 모든 문제에 참여할 의무를 진다.

2. 조합비 납입의무

조합비는 조합활동의 재정적 기반으로서 어느 조합원이라도 면제될 수 없는 조합원의 기본적 의무로서 반드시 납부하여야 한다. 따라서 조합비 미납은 제명사유가 될 수 있으며, 이를 이유로 규약으로 조합원의 권리를 제한 할 수 있다(노조법 제22조). 법상 조합비 상한에 대한 제한은 없다.

조합비 징수의 편의를 위해 사용자와 조합비일괄공제제도(check-off system)에 관한 합의를 맺는 것이 일반적이다. 이 경우 조합비일괄공제조항이 당연히 조합원을 구속하는 것은 아니므로 최소한 조합원의 묵시적 동의가 있어야 할 것이다. 왜냐하면 조합원은 협약의 당사자가 아니기 때문이다. 고용노동부도 이와 관련하여 "단체협약으로 조합비 등의 일괄공제를 정한 경우에도 이에 대한 조합원총회의 의결, 조합규약상의 관련규정 또는 조합원 개인의 동의가 없으면 사업주는 이를 공제할 수 없다"고 행정해석을 내리고 있다.[10]

3. 조합 통제에 복종할 의무

노동조합의 목적을 달성하기 위하여 그 구성원인 조합원은 조합의 통제에 복종할 의무를 부담한다. 이유는 노동조합의 설립 취지가 근로자의 단결된 힘을 전제로 하고 있는 바, 조합원의 통제에 복종하지 아니하는 경우에는 단결된 힘을 가질 수 없기 때문이다.

구체적 내용으로는 조합의 결의에 따를 의무, 조합의 정당한 지시에 따를 의무, 조합의 명예를 훼손하거나 조합을 분열시키는 행위를 하지 않을 의무 등이 있다.

그러나 조합의 위법·부당한 의결 또는 지시에 대해서는 따를 의무가 없으며, 통제의 대상도 되지 않는다.

---

10) 1995.7.11, 노조01254-774

제4절 노동조합의 기관

Ⅰ. 서

(1) 노동조합의 민주성은 노동조합의 구성원인 조합원의 자유와 평등을 전제로 조합원의 총의에 의해 조합의 의사가 형성되고 그 형성된 의사가 조합원의 총의에 따라 집행되는 것을 말하며, 노동조합법은 노동조합이 민주적으로 운영될 수 있도록 하기 위한 여러 규정을 두고 있다.

(2) 이러한 노동조합의 민주성은 조합의 조직·운영 및 활동의 모든 분야에서 요청되고 있는바, 노동조합이 이러한 민주성을 갖추고 있는지 여부는 조합규약에서 나타나고 있다. 따라서 노동조합법은 노조운영의 민주성을 확보하기 위해 규약의 제정을 의무화하고, 설립 시 설립신고서에 규약을 필히 첨부하도록 하고 있으며, 규약의 기재사항과 변경절차 그리고 행정관청에 의한 감독 등에 대하여 규정하고 있다.

(3) 노동조합에는 ① 의사결정기관, ② 집행기관, ③ 회계감사기관이 있다. 노동조합법은 의결기관으로「총회」에 관한 내용을 규정하고 있으며, 이에 갈음할 수 있는 의사결정기관으로서「대의원회」를 둘 수 있도록 하고 있다. 또한 집행기관으로서 임원, 회계감사기관으로서 회계감사원에 관한 규정을 두고 있다.

Ⅱ. 노동조합의 의결기관

1. 개요

(1) 노동조합의 최고의사결정기관으로서 총회와 대의원회가 있다. 총회는 전체조합원이 한자리에 모여 노동조합의 모든 기본적 사항을 결정하는 최고의사결정기관이다.

(2) 대규모의 노동조합에서는 시간·장소·비용 등 여러 제한요인 때문에 총회개최가 사실상 어려운 일이기 때문에 총회에 갈음하여 대의원회를 둘 수 있다(제17조 제1항).

(3) 대의원회는 총회를 대신하는 기관이므로 노동조합의 최고의사결정기관이며, 또한 총회에 관한 규정은 대의원회의 경우에 준용한다(동조 제4항).

관련판례 총회와 대의원회의 관계

노조법 제16조, 제17조제1항 등의 규정에 따라 노동조합이 그 규약에서 총회와는 별도로 총회에 갈음할 대의원회를 두고 총회의 의결사항과 대의원회의 의결사항을 명확히 구분하여 정하고 있는 경우, 특별한 사정이 없는 이상 총회가 대의원회의 의결사항으로 정해진 사항을 곧바로 의결하는 것은 규약에 반한다.

다만, 규약의 제정은 총회의 의결사항으로서(노조법 제16조제1항제1호) 규약의 제·개정권한은 조합원 전원으로 구성되는 총회의 근원적·본질적 권한이라는 점, 대의원회는 그 규약에 의하여 비로소 설립되는 것으로서(노조법 제17조제1항) 대의원회의 존재와 권한은 총회의 규약에 관한 결의로부터 유래된다는 점 등에 비추어 볼 때, 총회가 규약의 제·개정결의를 통하여 총회에 갈음할 대의원회를 두고 '규약의 개정에 관한 사항'을 대의원회의 의결사항으로 정한 경우라도 이로써 총회의 규약개정권한이 소멸된다고 볼 수 없고, 총회는 여전히 노조법 제16조제2항 단서에 정해진 재적조합원 과반수의 출석과 출석조합원 3분의 2 이상의 찬성으로 '규약의 개정에 관한 사항'을 의결할 수 있다고 할 것이다.(대법 2014.08.26., 2012두6063)

2. 총회

(1) 총회의 종류

① 정기총회

노동조합은 매년 1회 이상 총회를 개최하여야 한다(제15조 제1항). 노동조합의 대표자는 총회의 의장이 된다(동조 제2항).

② 임시총회

㈀ 노동조합의 대표자는 필요하다고 인정하는 때에는 임시총회 또는 임시대의원회를 소집할 수 있다(제18조 제1항).

㈁ 노동조합의 대표자는 조합원 또는 대의원의 3분의 1이상(연합단체인 노동조합에 있어서는 그 구성단체의 3분의 1 이상)이 회의에 부의할 사항을 제시하고, 회의의 소집을 요구한 때에는 지체 없이 임시총회 또는 임시대의원회를 소집하여야 한다(동조 제2항).

(2) 총회 의결사항

법 제16조 제1항에서는 노동조합의 조직과 운영의 민주성을 확보하기 위하여 총회의 필요적 의결사항을 정하고 있다. 이들 사항은 반드시 총회 또는 대의원회에서 결의하여야 하며, 다른 기관에 위임할 수 없다.

㈎ 규약의 제정과 변경에 관한 사항

㈏ 임원의 선거와 해임에 관한 사항

㈐ 단체협약에 관한 사항

㈑ 예산·결산에 관한 사항

(마) 기금의 설치 · 관리 또는 처분에 관한 사항

(바) 연합단체의 설립 · 가입 또는 탈퇴에 관한 사항

(사) 합병 · 분할 또는 해산에 관한 사항

(아) 조직형태의 변경에 관한 사항

(자) 기타 중요한 사항

(3) 총회 소집절차

    (가) 총회 또는 대의원회는 회의 개최일 7일전까지 그 회의에 부의할 사항을 공고하고, 규약에 정한 방법에 의하여 소집하여야 한다(제19조 본문).

    (나) 다만, 노동조합이 동일한 사업장내의 근로자로 구성된 경우에는 그 규약으로 공고기간을 단축할 수 있다(동조 단서).

(4) 의결방법

    (가) 총회는 재적조합원 과반수의 출석과 출석조합원 과반수의 찬성으로 의결한다. 다만, 규약의 제정 · 변경, 임원의 해임, 합병 · 분할 · 해산 및 조직형태의 변경에 관한 사항은 재적조합원 과반수의 출석과 출석조합원의 3분의 2이상의 찬성이 있어야 한다(제16조 제2항).

    (나) 규약의 제정 · 변경과 임원의 선거 · 해임에 관한 사항은 조합원의 직접 · 비밀 · 무기명 투표에 의하여야 한다(동조 제4항). 대의원선출 및 쟁의행위개시의 경우에도 마찬가지로 적용된다.

    (다) 노동조합이 특정 조합원에 대하여 의결할 때에는 그 조합원은 표결권이 없다(제20조).

3. 대의원회

(1) 대의원의 선출

    대의원은 조합원의 직접 · 비밀 · 무기명투표에 의하여 선출되어야 한다(제17조 제2항). 여기에서 대의원은 임원은 아니다.

(2) 대의원의 임기

    대의원의 임기는 규약으로 정하되 3년을 초과할 수 없다(동조 제3항).

(3) 대의원회의 권한

    대의원회는 총회에 갈음하는 기관이므로 그 권한은 총회와 동일하다. 따라서 총회에 관한 규정은 대의원회에 그대로 준용된다(동조 제4항).

(4) 대의원회 의장의 표결권

    대의원회의 의장은 노동조합의 대표자이다(제15조 제2항, 제17조 제4항). 그러나 노동조합의 대표자가 대의원이 아니라면 대의원회의 운영을 주재할 수는 있으나, 표결권은 없다.

관련판례 대의원회 의장의 표결권

[질 의]

폐 조합에서는 대의원대회시마다 의견에 시비가 있어 의장(조합장), 임원(부조합장, 회계감사)이 대의원에 당선이 안된 임원이라도 표결권이 있는지 질의함.

[회 시]

규약으로 총회에 갈음할 대의원회가 설치된 경우 그 대의원회의 구성은 조합원의 직접, 비밀, 무기명투표에 의하여 선출된 대의원으로 구성되어야 하는 바, 대의원이 아닌 임원은 대의원회의를 주재할 수는 있어도 표결권은 없음(노조1988.10.14, 01254 −15333).

4. 행정관청의 감독 및 지원

(1) 결의 · 처분의 시정(제21조)

(가) 행정관청은 노동조합의 결의 또는 처분이 노동관계법령 또는 규약에 위반된다고 인정할 경우에는 노동위원회의 의결을 얻어 그 시정을 명할 수 있다. 다만, 규약 위반 시의 시정명령은 이해관계인의 신청이 있는 경우에 한한다(제21조 제2항).

(나) 시정명령을 받은 노동조합은 30일 이내에 이를 이행하여야 한다. 다만, 정당한 사유가 있는 경우에는 그 기간을 연장할 수 있다(동조 제3항).

(2) 총회 소집권자 지명(제18조)

(ㄱ) 행정관청은 노동조합의 대표자가 임시총회 또는 임시대의원회 회의 소집을 고의로 기피하거나 이를 해태하여 조합원 또는 대의원의 3분의 1이상이 소집권자의 지명을 요구한 때에는 15일 이내에 노동위원회의 의결을 요청하고 노동위원회의 의결이 있는 때에는 지체 없이 회의의 소집권자를 지명하여야 한다(제18조 제3항).

(ㄴ) 행정관청은 노동조합에 총회 또는 대의원회의 소집권자가 없는 경우에 조합원 또는 대의원의 3분의 1이상이 회의에 부의할 사항을 제시하고 소집권자의 지명을 요구한 때에는 15일 이내에 회의의 소집권자를 지명하여야 한다(동조 제4항).

Ⅲ. 노동조합의 집행기관

1. 의 의

집행기관은 대외적으로 노동조합을 대표하고 노동조합의 의사를 표시하며, 대내적으로 노동조합의 업무를 집행하는 기관이다. 노동조합의 집행기관은 규약에서 정하는 바에 따라 1인 내지 수인의 임원으로 구성된다. 또한 조합원이 아닌 자는 노동조합의 임원으로 선출될 수 없다.

2. 임원의 선임과 해임

① 임원은 반드시 그 조합원 중에서 선출되어야 하며(제23조 제1항), 그 선거는 조합원의 직접 · 비밀 · 무기명 투표에 의하여(제16조 제4항), 재적조합원 과반수의 출석과 출석조합원 과반수의 찬성으로 선출한다(동조 제2항 본문).

② 위의 경우에 출석조합원 과반수의 찬성을 얻은 자가 없는 경우에는 제2항의 규정에 불구하고 규약이 정하는 바에 따라 결선투표를 실시하여 다수의 찬성을 얻은 자를 임원으로 선출할 수 있다(동조 3항).

③ 임원의 해임은 재적조합원 과반수의 출석과 출석조합원의 3분의 2 이상의 찬성이 있어야 한다(동조 제2항 단서).

3. 임원의 임기

임원의 임기는 규약으로 정하되 3년을 초과할 수 없다(제23조 제2항).

Ⅳ. 감사기관

1. 의 의

(1) 감사기관은 노동조합의 설립목적에 위배되지 않도록 집행기관의 업무집행상황을 감사하는 기관이다.

(2) 법은 감사기관에 관하여 명시적인 규정을 두고 있지 아니하다. 다만, 회계감사에 한하여 이를 의무화하고 있다(제25조).

2. 회계감사 및 운영상황 공개

① 노동조합의 대표자는 그 회계감사원으로 하여금 6월에 1회 이상 당해 노동조합의 모든 재원 및 용도, 주요한 기부자의 성명, 현재의 경리 상황 등 재정에 관한 사항에 대한 회계감사를 실시하게 하고 그 내용과 감사결과를 전체 조합원에게 공개하여야 한다(제25조 제1항).

② 노동조합의 회계감사원은 필요하다고 인정할 경우에는 당해 노동조합의 회계감사를 실시하고 그 결과를 공개할 수 있다(동조 제2항).

③ 노동조합의 대표자는 회계연도마다 결산결과와 운영상황을 공표하여야 하며 조합원의 요구가 있을 때에는 이를 열람하게 하여야 한다(제26조).

3. 행정관청의 감독

노동조합은 행정관청이 요구하는 경우에는 결산결과와 운영상황을 보고하여야 한다(제27조).

Chapter 3

노동조합의 활동

제1절 정당한 조합활동

Ⅰ. 서

1. 조합 활동의 의의

(1) 개념

일반적으로 조합 활동이라 함은 노동조합의 목적달성과 단결력의 유지강화를 위해 행하는 일상적 제반활동으로서, 단체교섭과 쟁의행위를 제외한 활동, 즉 협의의 조합 활동을 말한다.

(2) 유형

보통 노동조합이 기본적인 활동으로서 조직의 유지와 확대를 위하여 ①조합원의 모집 · 가입권유, ② 노동조합 방침의 결정 · 홍보 · 집행 ③ 게시판 · 조합사무실 등의 회사 시설물 사용, ④ 각종 현수막 유인물 등 홍보물의 부착, ⑤ 조합비의 징수, ⑥ 공제 · 수양 · 기타 복리사업 등이 해당된다.

2. 조합활동의 한계

헌법상 단결권 보장 내용에는 단결체 결성의 자유 뿐만 아니라, 단결활동의 자유, 즉 조합활동의 자유까지 포함하고 있다. 그러나 이러한 조합활동의 자유는 무제한적으로 보장되는 것이 아니라, 사용자의 재산권 보호와의 양립 또는 조화가 가능한 범위 내에서만 보장되는 것이라 할 것이다.

이와 관련하여 특히 우리나라의 노동조합은 주로 기업 내 종업원을 조직대상으로 하는 기업별 조직형태를 취하고 있는 관계로, 조합활동이 사업장 내에서 이루어지거나 또는 근로시간 중에 수행될 수 있으며, 이로 인해 사용자의 시설관리권이나 노무지휘권과의 충돌이 문제될 수 있다.

다만, 사용자의 노무지휘를 받지 않고 조합업무에만 임하는 특수한 지위에 있는 자로서 노조전임자가 인정되고 있다.

또한 조합원과의 관계에 있어서도 헌법상 보장된 조합원들의 언론활동이나 정치활동의 자유를 침해하는 조합활동은 허용될 수 없을 것이다.

Ⅱ. 사용자와의 관계에 있어서의 정당한 조합활동의 범위

1. 노무지휘권 관련

(1) 노무지휘권의 의의

근로자는 근로시간 중에는 사용자의 노무지휘를 받아 근로를 제공할 의무를 부담한다. 이와 관련하여 근로자에 대해 구체적으로 근로시간이나 장소, 근로의 내용 등을 지정 · 지시하고 감독할 수 있는 사용자의 권리를 노무지휘권이라 한다.

(2) 취업시간 중의 조합활동

① 근로시간 중의 조합활동은 원칙적으로 허용되지 않는다. 다만, 예외적으로 근로시간 중의 조합활동이 단체협약, 취업규칙 또는 노사관행으로 인정되거나, 사용자의 명시적인 승낙이 있는 경우에 한하여 인정될 수 있다.

② 그러나 단체협약 등이나 사용자의 승낙이 없는 경우에도 근로시간 중의 조합활동이 완전히 부인되는 것은 아니며 당해 조합활동의 필요성 및 긴급성, 노무 지휘권의 침해의 정도를 종합적으로 판단하여 인정하여야 한다.

③ 근로자가 근로시간 중에 사용자와 협의 또는 교섭하는 것을 사용자가 허용하는 것은 부당노동행위에 해당되지 아니한다(제81조 제4호 단서).

2. 시설관리권 관련

(1) 시설관리권의 의의

시설관리권이란 사용자가 사업장내 시설물을 유지·관리할 수 있는 권리를 말한다. 우리나라의 경우 대다수 노조가 기업별노조 형태를 취하고 있음으로 인해 조합활동이 사업장 내에서 이루어질 수밖에 없는 상황에서 노조의 기업시설 이용권한은 합리적인 범위 내에서 용인되어져야 할 것이며, 사용자는 업무의 정상적 운영에 지장이 없는 합리적이고 객관적인 범위 내에서 노조의 기업시설사용에 대한 수인의무를 부담한다고 할 것이다.

(2) 유인물 배포행위

① 사업장 내에서 기업질서를 유지하기 위하여 사업장 내에서의 유인물 배포에 관해 취업규칙에서 사용자의 허가를 얻도록 한 규정이나 이를 위반한 근로자에 대하여 징계할 수 있도록 한 징계규정이 언론의 자유를 보장한 헌법조항에 위반하여 무효라고 할 수 없다.

② 그러나 유인물 배포에 관하여 사전 승인을 얻도록 하고 있다고 하더라도 근로자의 근로조건을 유지, 향상을 위한 정당한 행위까지 금지 할 수 없는 것이므로 그 행위가 정당한가는 회사의 승인 여부만을 가지고 판단 할 것은 아니고 그 유인물의 내용, 매수, 배포의 시기, 대상, 방법, 이로 인한 기업이나 업무에의 영향 등을 기준으로 하여야 할 것이다.

(3) 기업시설물 사용을 전제로 한 조합활동

① 강당, 현관 등 기업의 물적 시설을 사용하여 조합활동을 하는 경우 기업시설 이용권의 침해 정도에 따라 정당성을 판단하고 있다. 판례는 실질적으로 기업의 시설관리권을 침해하지 않는 합리적인 범위 내에서만 조합활동을 위하여 사업시설을 이용할 수 있다고 보아야 할 것이라고 판시하고 있다.

② 사용자의 시설관리권행사가 여러 사정에 비추어 노동조합의 정당한 기업시설의 이용을 지나치게 제한하는 것으로 판단될 때에는 시설관리권의 남용이 되고, 일반적으로 지배·개입의 부당노동행위가 성립한다고 본다.

③ 이와 반대로 노동조합에 대한 조합사무소제공 또한 지배 · 개입의 부당노동행위로 볼 여지가 있으나, 노조법은 최소한의 규모의 노동조합사무소의 제공은 부당노동행위에 해당하지 아니한다고 규정하고 있다(제81조 제4호 단서).

> **관련판례** 정당한 조합활동의 범위
>
> 조합활동이 정당하려면, 취업규칙이나 단체협약에 별도의 허용규정이 있거나 관행, 사용자의 승낙이 있는 경우 외에는 취업시간 외에 행하여져야 하며, 사업장 내의 조합활동에 있어서는 사용자의 시설관리권에 바탕을 둔 합리적인 규율이나 제약에 따라야 한다(대법 1990.5.15, 90도357).

Ⅲ. 노조전임자

1. 의 의

노조전임자는 사업 또는 사업장에서 근로자로서의 지위를 가지면서 단지 근로제공의무의 전부 또는 일부를 면제받고 조합업무에만 임하는 특수한 지위에 있는 자를 말한다. 이는 기업별 조합체계에서 나타나는 현상이다.

2. 법적 근거

(1) 학설
① 단결권설
헌법 제22조에 의해 보장된 단결권에 기초하여 노조전임자가 인정되며, 따라서 사용자는 승낙의무만을 질 뿐이라는 견해이다.
② 협정설
노조전임제는 노사 간의 자율적 협정에 의해 인정된다는 견해이다.

(2) 검토
현행법 제24조에서 '단체협약으로 정하거나 사용자의 동의가 있는 경우'라 하여 협정설을 명문화하였다.

> 근로자는 단체협약으로 정하거나 사용자의 동의가 있는 경우에는 근로계약 소정의 근로를 제공하지 아니하고 노동조합의 업무에만 종사할 수 있다(제24조 제1항).

3. 법적 지위

(1) 전임자는 근로자의 신분을 그대로 유지하지만 사용자로부터 근로계약상의 의무를 면제받고 있다. 따라서 그 지위는 휴직상태에 있는 근로자와 유사하다 할 것이다. 교원노조법 제5조 제2항에

서도 전임자는 당해 기간 중 교육공무원법 및 사립학교법의 규정에 의한 휴직명령을 받은 것으로 간주하고 있다.

(2) 전임자는 전임기간이 만료 후에도 단체협약이나 취업규칙, 노사관행에 따라 즉시 원직에 복귀할 수 있다. 이때 사용자가 즉시 복귀시키지 않거나 원직에 있었던 근로자보다 승진·승급 등에 대해 차별을 할 경우 부당노동행위가 성립한다 할 것이다. 그리고 그 전임기간은 계속 근로년수에 당연히 산입해야 한다.

4. 노조전임자와 관련된 주요판례

(1) 취업규칙 적용여부

판례는 노조전임자라 하더라도 사용자와의 사용종속관계는 그대로 유지되므로 전임자에게도 출퇴근 등에 관한 사규가 적용된다고 한다.

관련판례 노조 전임자의 취업규칙 적용

노동조합의 전임자라 할지라도 사용자와의 사이에 기본적 노사관계는 유지되는 것으로서 취업규칙이나 사규의 적용이 전면적으로 배제되는 것은 아니므로, 단체협약에 조합전임자에 관하여 특별한 규정을 두거나 특별한 관행이 존재하지 아니하는 한 출퇴근에 대한 사규의 적용을 받게 된다(대법1993.8.24, 92다34926).

그러나 전임자가 결근을 하는 경우에는 근로자의 자주적 단결체인 노동조합의 규약에 의하여 규율되는 것이 마땅하다고 본다.

(2) 업무상재해 인정여부

판례는 노동조합 업무 중의 재해를 업무상 재해로 인정하고 있다. 조합업무도 노사관계의 범위 내에서 넓은 의미에서 산재법상의 업무로 해석될 수 있기 때문이다. 다만, 사용자의 사업과의 무관한 상부 또는 연합단체와 관련된 활동이나, 불법적인 조합활동, 사용자와 대립관계로 되는 쟁의단계에 들어간 이후 조합활동 중에 발생한 재해 등은 업무상 재해로 볼 수 없다고 한다.

관련판례 노조전임자의 업무상재해 인정범위

노동조합업무 전임자가 근로계약상 본래 담당할 업무를 면하고 노동조합의 업무를 전임하게 된 것이 사용자인 회사의 승낙에 의한 것이며 재해 발생 당시 근로자의 지위를 보유하고 있었고 그 질병이 노동조합업무 수행 중 육체적·정신적 과로로 인하여 발병된 경우, 특별한 사정이 없는 한 이는 근로기준법상 재해보상이 되는 업무상 재해로 보아야 하고, 다만 그 업무의 성질상 사용자의사업과는 무관한 상부 또는 연합관계에 있는 노동단체와 관련된 활동이거나 불법적인 노동조합 활동 또는 사용자와 대립관계로 되는 쟁의단계에 들어간 이후의 노동조합 활동 중에 생긴 재해 등은 이를 업무상 재해로 볼 수 없다(대법 1996.6.28, 96다12733).

(3) 연월차수당청구권 인정여부

판례는 노조전임자에 대해 단체협약에 별다른 규정이 없는 한 사용자에 대하여 상여금, 연월차휴가 등을 당연히 청구할 수 있는 것이 아니라고 한다.

관련판례 노조전임자의 연차수당 청구

노조전임자는 기업의 근로자의 신분은 그대로 유지하지만 근로계약상의 근로를 하지 않을 수 있는 지위에 있으므로 휴직상태에 있는 근로자와 유사한 지위를 가진다고 보아야 하고, 따라서 사업주가 급여를 부담한다고 하여 노조전임자의 상여금지급을 요구하거나 연·월차휴가수당 등을 당연히 사업주에게 청구할 권리가 있는 것은 아니나, 단체협약에 그러한 급여를 부담할 의무가 명시된 경우에는 그 단체협약을 근거로 이를 청구할 수는 있을 것이다(대법 1995.11.10, 94다54566).

5. 전임자 급여 지급

(1) 노조전임자는 그 전임기간 동안 사용자로부터 어떠한 급여도 지급받아서는 아니된다(제24조 제2항). 규정하고 있고, 사용자가 노조전임자에게 급여를 지원하는 행위는 경비원조에 해당되어 부당노동행위(제81조 제4호)가 성립한다. 전임자의 급여를 사용자가 지급하는 것은 노동조합의 자주성을 침해하는 행위로서 금지되는 것이다.

(2) 그러나 노조전임자 급여지원을 금지하는 대신 단체협약으로 정하거나 사용자가 동의하는 경우에는 사업 또는 사업장별로 조합원 수 등을 고려하여 법 제24조의2에 따라 결정된 근로시간 면제 한도(이하 "근로시간 면제 한도"라 한다)를 초과하지 아니하는 범위에서 근로자는 임금의 손실 없이 사용자와의 협의·교섭, 고충처리, 산업안전 활동 등 이 법 또는 다른 법률에서 정하는 업무와 건전한 노사관계 발전을 위한 노동조합의 유지·관리업무를 할 수 있다.

관련행정해석 1 근로시간 면제한도 적용

【질 의】

근로시간면제자가 1년간의 근로시간면제 한도를 10개월 쯤에 모두 소진한 경우, 근로시간면제 한도를 초과하여 교섭, 협의, 고충처리 등의 활동을 할 경우 유급처리를 해야 하는지 여부

【회 시】

노조법 제24조 제4항 및 제24조의2에 의한 근로시간면제 한도는 사업 또는 사업장별 연간단위로 사용할 수 있는 최대시간임.

따라서 근로시간면제 한도를 초과하여 수행된 근로시간면제업무에 대해 유급처리 하는 것은 노조법 제81조 제4호 위반으로 부당노동행위에 해당할 것임(노사관계법제과-165(1), 2010.07.21.).

관련행정해석 2 근로시간 면제 인정범위

【질 의】

1. 회사의 생산직 사원이었던 근로시간면제자가 정상적으로 근로했다면 받을 수 있는 임금은 기본급뿐만 아니라 상여금, 시간외근로수당, 근속수당 및 기타 수당을 포함하며 근속년수에 따른 호봉 적용, 매년 임금조정 및 정기 호봉승급 적용이 이루어진 금액이라 판단되는데 귀 부의 견해는? 이에 노사는 근로시간면제자의 처우를 사업장에서 근로시간면제자와 동일한 조건(직무, 근속기간, 경력, 직책, 기타 조건)에 해당하는 근로자에게 지급하는 수준의 위와 같은 일체의 급여를 지급하는 것이 타당한지

2. 회사 생산직 사원에게 지급되는 시간외근로수당은 매월 발생한 시간외근로에 따라 달라지게 되는데, 근로시간면제자에게 지급하는 시간외근로수당의 경우 동일한 조건의 근로자에게 지급되는 매월 변동되는 시간외근로수당을 기준으로 매월 변동된 금액을 지급하면 되는 것인지, 근로시간면제자 지정 직전 3개월 또는 1년간 동일 조건 근로자의 평균 시간외근로수당을 매월 고정 시간외근로수당으로 책정해 지급하면 되는 것인지, 또는 근로시간면제자 지정 직전 3개월 또는 1년간 사업장 전체 생산직 사원의 평균 시간외 근로수당을 매월 고정 시간외근로수당으로 책정해 지급하면 되는 것인지 여부, 아니면 위 방식들 중 어느 하나라도 노사가 합의하면 시행이 가능한 것인지

【회 시】

1. 노조법 제24조 제4항의 규정에 의한 근로시간면제자는 근무시간 내에서 근로계약 소정의 업무를 면제받고 근로시간면제 대상 업무를 수행할 수 있도록 지정된 자이며, 근로시간면제자의 급여수준은 해당 근로자가 근로시간면제대상자가 아닌 일반 근로자로서 정상적으로 근로하였다면 받을 수 있는 급여수준으로서 사업(장)의 통상적인 급여 지급기준을 토대로 노사가 자율적으로 정할 수 있을 것이나, 이 경우에도 통상적으로 받을 수 있는 급여보다 과도한 기준을 설정하여 지급하는 것은 노동조합에 대한 경비원조로 부당노동행위에 해당한다 할 것임.

2. 따라서 귀 질의상 휴가, 상여금 등에 대해서는 일반 근로자와 동일한 기준을 적용할 수 있을 것이며, 연장 및 야간근로수당은 일반 근로자로서 정상적으로 근로하였다면 받을 수 있는 범위 내에서 지급하는 것은 가능하다 할 것이나 근로시간면제자라는 이유로 별도의 고정적인 연장 및 야간근로수당을 과도하게 지급하는 것은 정해진 근로시간면제 한도를 초과하는 결과를 초래하여 부당노동행위에 해당할 소지가 있다 할 것임(노사관계법제과-1056, 2010.10.18.).

제2절 노동조합의 재정

Ⅰ. 서

1. 조합재정의 의의

노동조합의 재정이란 조합의 조직 · 활동에 필요한 재원을 확보하고 이를 관리 · 사용하는 일체의 활동을 말한다.

2. 조합재정 자치의 원칙

(1) 노동조합의 재정은 국가 및 사용자 등 제3자로부터 간섭을 받지 않고 조합이 자주적으로 확보 및 조달하여야 하며, 또한 조합원 총의에 기초하여 민주적으로 관리 · 사용하여야 한다. 이를 조합재정자치의 원칙이라 한다.

(2) 노동조합은 헌법 제33조 제1항의 단결권보장을 근거로 설립된 근로자의 단결체로서 대사용자와의 관계에서 실질적인 대등성과 대외적 자주성 확보는 조합재정의 자주성 여하에 좌우된다고 해도 과언이 아니다.

(3) 법은 노동조합이 경비의 주된 부분을 사용자로부터 원조 받는 경우 노동조합으로 보지 아니하며(제2조 제4호 나목), 사용자가 노동조합의 전임자에게 급여를 지원하거나 노동조합의 운영비를 원조하는 행위를 부당노동행위라 하여 금지하고 있다(제81조 제4호).

(4) 법은 조합재정의 민주적 관리 · 사용을 위해 재정관련 사항을 규약에 필요적으로 기재하고(제11조 제9호) 총회에서 의결하도록 하는 한편(제16조 제1항), 정기적으로 회계감사를 실시하고(제25조) 결산결과 및 운영 상황을 공개하도록 하고 있다(제26조).

(5) 노동조합에 대하여는 그 사업체를 제외하고는 세법이 정하는 바에 따라 조세를 부과하지 아니하며(제8조), 행정관청은 노동조합에 대해 결산결과와 운영상황을 보고할 수 있도록 하고 있다(제27조).

Ⅱ. 조합재정의 자주적 확보

1. 조합비

(1) 조합비란 노동조합의 재정을 구성하는 가장 기본적인 수단으로서 회비 기타 명칭 여하를 불문하고 노동조합의 목적을 달성하기 위해 조합원이 그 구성원의 의무로서 조합에 대하여 부담하는 비용을 말한다.

(2) 조합비에 관한 사항은 규약의 필요적 기재사항(제11조 제9호)으로서 조합비는 조합 내부에서 자체적으로 결정할 사항이므로 그 부담액은 규약에서 자율적으로 정하여야 하며, 법상 조합비 상한에 대한 제한은 없다. 노동조합은 조합비를 납부하지 않는 조합원에 대하여 조합운영에 참가하는 권리를 제한할 수 있다(제22조 단서).

2. 조합비일괄공제제도(check-off system)

(1) 의 의

① 노동조합은 헌법 제33조 제1항의 단결권을 근거로 보장된 근로자의 단결체로서 사용자와 실질적인 대등성을 확보하여 근로조건의 유지·개선 및 기타 경제적·사회적 지위향상을 위해서는 인적·물적 단결강제가 필수적이라 할 수 있다.

② 물적 단결강제를 위한 수단으로서 조합비공제제도를 단체협약이나 규약 등에 규정하는 경우가 있다. 조합비공제란 사용자가 조합원인 근로자의 임금에서 조합비를 공제하여 이를 직접 노동조합에 교부하는 제도를 말한다.

③ 이러한 조합비일괄공제제도는 기본적으로 조합비 징수방식의 하나이지만, 현실적으로는 조합비징수를 철저히 함으로써 노조의 재정을 안정시키고 또한 간접적으로는 조합원의 조합에의 참여의식을 조성시키는 단결력 제고의 기능을 수행한다.

(2) 법적 근거

근기법 제43조 제1항에서는 「임금은 직접 근로자에게 그 전액을 지급하여야 한다. 다만, 단체협약에 특별한 규정이 있는 경우에는 임금의 일부를 공제할 수 있다」고 하여 조합비일괄공제제도의 법적 근거를 두고 있다.

(3) 근로자의 동의 요부

조합비 징수의 편의를 위해 사용자와 조합비일괄공제제도(check-off system)에 관한 합의를 맺는 것이 일반적이다. 이 경우 조합비일괄공제조항이 당연히 조합원을 구속하는 것은 아니므로 최소한 조합원의 묵시적 동의가 있어야 할 것이다.

왜냐하면 조합원은 협약의 당사자도 아닐뿐더러 조합비일괄공제조항은 단체협약의 채무적 부분에 해당하기 때문이다. 고용노동부도 이와 관련하여 "단체협약으로 조합비 등의 일괄공제를 정한 경우에도 이에 대한 조합원총회의 의결, 조합규약상의 관련규정 또는 조합원 개인의 동의가 없으면 사업주는 이를 공제할 수 없다"고 행정해석을 내리고 있다.[11]

(4) 조합비일괄공제에 대한 거부 가부

조합원이 조합비일괄공제에 동의한 후 조합비공제를 거부할 수 있는지 여부에 대해 학설상 긍정설과 부정설로 나뉘고 있으나, 노동조합 재정의 기초가 되는 조합비 납부의무는 조합원의 기본의무

---

11) 1995.7.11, 노조01254-774

에 속하는 점 등을 고려할 때 조합비일괄공제에 동의한 조합원은 그 노동조합을 탈퇴하지 않는 한 조합비공제를 거부할 수 없다고 보는 것이 타당하다고 본다. 다만 조합원이 제명을 당하거나 탈퇴한 경우에는 조합비일괄공제를 중지하여야 한다.

(5) 조합비일괄공제제도와 부당노동행위

조합비일괄공제제도를 사용자가 합리적 이유를 제시함이 없이 이를 일방적으로 폐지하는 것은 단체협약의 위반이 될 뿐만 아니라, 지배·개입에 해당되어 부당노동행위에 해당한다고 본다.

3. 운영비원조 금지

(1) 노조법은 경비의 주된 부분을 사용자로부터 원조 받는 경우에는 노동조합으로 보지 아니한다고 규정(제2조 4호 나목)하여 노동조합이 재정적인 측면에서 사용자로부터 자주적으로 운영되어야 함을 확인하고 있다.

(2) 「경비」란 노동조합 운영에 소요되는 모든 비용으로서 조합활동비, 사무실유지비, 노조전임자 급여 등이 포함된다. 다만, 노조전임자의 급여지급도 경비원조에 해당된다.

(3) 「주된 부분」이란 대부분이라는 뜻이므로 경비의 일부를 원조 받는 것은 무방하다. 따라서 근로시간 중 교섭한 경우의 임금지급, 후생자금 또는 복지기금의 기부, 최소규모의 조합사무소 제공은 이에 해당되지 않는다(제81조 제4호 단서).

Ⅲ. 조합재정의 민주적 운영

1. 규약의 필요적 기재사항

노동조합은 그 조직의 자주적·민주적 운영을 보장하기 위하여 당해 노동조합의 규약에 조합비기타 회계에 관한 사항을 기재하여야 한다(법 제11조 제9호).

2. 총회의 필요적 의결사항

예산·결산에 관한 사항, 기금의 설치·관리 또는 처분에 관한 사항은 반드시 총회의 의결을 거쳐야 한다(법 제16조 제1항).

3. 회계감사 의무화

(1) 노동조합의 대표자는 그 회계감사원으로 하여금 6월에 1회 이상 당해 노동조합의 모든 재원 및 용도, 주요한 기부자의 성명, 현재의 경리 상황 등에 대한 회계감사를 실시하게 하고 그 내용과 감사결과를 전체 조합원에게 공개하여야 한다(법 제25조 제1항).

(2) 노동조합의 회계감사원은 필요하다고 인정할 경우에는 당해 노동조합의 회계감사를 실시하고
그 결과를 공개할 수 있다(법 제25조 제2항).

4. 결산결과 및 운영상황의 공개

노동조합의 대표자는 회계연도마다 결산결과와 운영상황을 공표하여야 하며 조합원의 요구가 있
을 때에는 이를 열람하게 하여야 한다(법 제26조).

5. 재정관련 장부 및 서류 작성 · 비치

노동조합은 조합설립일부터 30일 이내에 재정에 관한 장부와 서류를 작성하여 그 주된 사무소에
비치하여야 하며, 그 서류는 3년간 보존하여야 한다(제14조).

제3절 노동조합의 통제권

1. 의 의

노동조합은 그 목적을 달성하기 위하여 조합원에게 일정한 규제와 강제를 행사하며 이러한 통제에 복종하지 않는 조합원에 대하여 제재를 가할 수 있는 바, 이것이 노동조합의 통제권 또는 내부통제권이다.

노동조합이 그 유리한 근로조건을 획득하기 위해서 단결의 유지·강화는 조합의 존립에 있어 가장 큰 과제이다. 따라서 조합원의 통일적·집단적 행동의 전개를 위하여 노동조합은 조합의 지시·명령에 위반하거나 또는 단결의 유지·강화에 반하는 행위를 하는 조합원에 대하여 제재처분을 가하는 권한을 통제권이라 하며, 이는 노동조합이 그의 통일적 의사에 따른 단결력을 확보하기 위해 필수적이라 하겠다.

2. 통제권의 근거

노동조합의 통제권행사에 대한 법적 근거에 관하여는 법상 특별한 규정이 없고 학설상 견해가 나누어지고 있다.

(1) 규약준거설

이 설은 조합원이 합의한 조합규약에서 통제권의 근거를 찾는 견해로서, 노동조합을 독립한 별개의 법적 실체로 보지 않고 조합원 상호간의 계약으로 보는 영미법계의 일반적 경향이다.

(2) 단체고유권설

이 설은 단체에 고유한 권리로서 「통제권」이 인정되어야 한다는 견해이다.

(3) 단결권설

이 설은 통제권의 근거를 헌법 제33조 제1항의 단결권의 보장에서 구하며, 단결권설은 일반 단체로서의 성질을 완전히 부정하느냐의 여부에 따라 다시 「순수단결권설」과 「절충단결권설」로 견해가 나뉜다.

① 순수단결권설

이 설은 노동조합의 사단으로서의 법적 성격을 완전히 부정하고 이것과는 이질적인 노동조합의 특성을 기초로 통제권의 법리를 구성하려는 견해이다.

② 절충단결권설

이 설은 노동조합의 사단으로서의 법적 성격을 받아들이면서 노동조합이라는 특수한 단체에 대하여는 단결권의 보장에 근거한 보다 강한 통제력이 요청된다고 설명하는 견해이다.

(4) 검 토

헌법 제33조 제1항에서 정한 근로자 생존권을 보장하기 위해서 단결의 유지·강화를 위한 통제권은 단결권의 보장에 용인되어 있다고 보며, 노동조합의 법적 성격을 받아들이면서 노동조합이라는 특수한 단체에 대하여는 단결권보장에 근거한 보다 강한 통제력이 요청된다고 판단되므로 절충단결권설이 타당하다고 본다.

3. 통제권의 행사사유와 한계

(1) 통제권의 행사사유

노동조합의 통제권은 단결권보장의 취지에 따라 단결을 유지하고 조합의 진정한 목적을 달성하기 위하여 꼭 필요한 범위 내에서만 행사가 가능하다. 통제사유로는 일반적으로 ① 분파활동, ② 조합지시의 위반, ③ 조합이나 조합임원에 대한 부당한 비판, ④ 조합비체납 등이 있다.

(2) 통제권의 한계

① 상당성

통제권의 행사에 따른 한계로서 위반행위와 그에 대한 제재를 비교하여 상당성을 가져야 하며, 상당성을 현저히 결한 경우에는 통제권의 남용으로서 무효이다.

② 위법한 조합의 지시

노동조합의 위법·부당한 의결 또는 지시를 따르지 않아도 통제의 대상이 되지 않는 것이 원칙이다. 그러나 그러한 의결 또는 지시가 위법성이 명백하고 중대하지 아니하는 한 이에 따라야 하고 이를 위반한 때에는 제재를 할 수 있다.

4. 제재의 절차

(1) 의 의

제재의 절차는 규약이 정하는 바에 따라야 하며, 절차상 중대한 흠이 있을 때에는 그 제재는 무효라고 해야 할 것이다.

(2) 제재결정기관

① 징계처분은 총회의 결의에 의하는 것이 원칙이다. 통상적으로 계고, 견책, 제재금부과, 권리정지, 제명 등이 있다.

② 조합원에 대한 제재를 총회에서 의결할 것을 규정하고 있는 경우에는 당연히 총회에서 결정해야 하며, 규약에서 정한 것과는 다른 기관이 제재권한을 행사할 수 없으며 일사부재리의 원칙이 적용된다.

③ 제명처분은 총회나 대의원회의 전권사항이어야 하며 다른 의결기관에 그 권한을 위양할 수 없다.

(3) 변명권
　① 조합이 조합원에 대하여 제재를 과하는 경우에는 당해 조합원에게 제재의 사유를 미리 알리고 제재결정기관에 출석케 하여 방어(변명)를 위한 충분한 기회를 주어야한다.
　② 변명의 기회를 부여하지 아니하고 제재를 과하는 경우 그 절차상의 무효를 주장할 수 있다.

(4) 결정의 방법
　① 제재는 총회에서 의결되는 것이 원칙이므로 재적 조합원 과반수의 출석과 출석 조합원 과반수의 찬성으로 의결하여야 한다(제16조 제2항 본문).
　② 다만, 제재 중 제명에 관하여는 그 중요성에 비추어 법 제16조 제2항 단서를 준용하여 최소한 재적 조합원 과반수의 출석과 출석 조합원 3분의 2이상의 찬성이 있어야 한다고 본다.
　③ 총회(대의원회)에서 징계를 결의하는 경우에 징계처분을 받을 자는 표결권이 없다(제20조).

5. 통제권과 사법심사

(1) 법원의 개입사유
　자주성을 가진 노동조합의 본질에 비추어 조합내부에서 결정된 문제에 대하여 법원이 개입한다는 것은 바람직하지 못하나, 조합의 통제권이 남용됨으로써 조합원의 권리가 침해되는 경우라면 통제처분의 적부는 마땅히 사법심사의 대상이 된다.

(2) 법원의 개입정도
　규약에 통제처분에 관한 규정이 없거나, 그 내용이 일반적·추상적이어서 명확하지 아니한 경우에는 법원은 통제처분의 적부에 관한 심사를 할 수 있다. 그러나 규약에 징계사유와 절차가 구체적으로 규정되어 있는 경우에는 조합의 자주적인 결정을 존중해야 하며, 이러한 절차를 현저히 일탈·남용한 경우에만 사법심사의 대상이 된다고 보아야 할 것이다.

제4절 노동조합의 조직변동

I. 노동조합의 해산

1. 해산의 의의

노동조합의 해산이라 함은 노동조합의 소멸원인이 되는 법률사실을 말하며, 이미 소멸의 절차가 종료한 것을 의미하는 것은 아니다. 즉, 해산으로 인해 청산절차에 돌입하게 되며 청산절차가 완료되면 비로소 소멸하게 된다. 따라서 법인인 노동조합은 해산하더라도 그 청산의 목적범위 내에서는 권리가 있고 의무를 부담한다.

2. 해산사유

(1) 규약에 정한 해산사유가 발생한 경우(제28조 제1호)
　　① 노동조합이 이미 해산을 예견하고 그 사유를 규약으로 정하여 놓은 경우에 그러한 사유가 발생하면 조합은 해산된다.
　　② 규약에서 해산을 집행위원회에서 의결하도록 되어 있는 것은 무효이므로 반드시 총회에서 의결해야 한다.

(2) 합병 또는 분할로 소멸한 경우(동조 제2호)
　　합병 또는 분할로 인하여 소멸하게 되는 노동조합이 있는 경우 해산한다.

(3) 총회 또는 대의원회의 해산결의가 있는 경우(동조 제3호)
　　① 이는 임의 해산결의로서 조합원 또는 대의원 과반수의 출석과 출석한 조합원 또는 대의원 3분의 2이상의 찬성으로 행한다. 강행규정이므로 규약 등으로 정족수를 더 강화하는 것은 가능하나 완화시키는 것은 허용되지 않는다.
　　② 또한 해산결의에 하자가 있는 경우 즉, 총회가 아닌 집행위원회의 결의나 출석 조합원수 등에 하자가 있는 결의는 해산의 성질상 무효가 된다.

(4) 노동조합의 활동이 없는 경우(동조 제4호)
　　① 노동조합의 임원이 없고 노동조합으로서의 활동을 1년 이상 하지 아니한 것으로 인정되는 경우로서(휴면노조) 행정관청이 노동위원회의 의결을 얻은 경우 해산된다.
　　② 노동조합으로서의 활동을 1년 이상 하지 아니한 것으로 인정되는 경우라 함은 계속하여 1년 이상 조합원으로부터 조합비를 징수한 사실이 없거나 총회 또는 대의원회를 개최한 사실이 없는 경우를 말한다(영 제13조 제1항).
　　③ 이 경우에는 행정관청이 노동위원회의 의결을 얻은 때에 해산된 것으로 보며(동조 제2항) 노

동위원회가 의결 시 해산사유발생일 이후의 당해 노동조합의 활동여부를 고려해서는 아니 된다(동조 제3항).

(5) 성질상 소멸사유

① 조합원이 전무한 경우

노동조합의 조합원이 전혀 없게 되면 노동조합이 자연 소멸되며, 이 경우에는 1년이 경과하지 아니하더라도 소멸하게 된다. 노동조합의 조합원이 1인만 남게 된 경우 조합원이 증가될 일반적 가능성이 없는 경우도 한 노동조합으로서의 단체성을 상실한다고 보아야 할 것이다. 따라서 1인 노조의 경우도 청산목적과 관련되지 않는 한 당사자능력이 없다.[12]

② 조직근거의 소멸(기업의 소멸)

기업별 노동조합은 기업이 완전히 소멸되면 그 설립단위 내지 조직의 근거가 없어져 성질상 소멸된다. 다만 기업자체가 타 기업에 인수·합병되는 경우에는 그러하지 아니하다.

③ 상부조직의 소멸과 하부조직

상부조직이 연합체조합인 경우에는 하부조직은 단위노동조합이므로 아무런 영향을 미치지 아니한다. 또한 상부조직이 단위노동조합인 경우에도 하부조직이 독립된 노동조합으로서의 실체를 갖추고 있으면 당연히 해산·소멸되지는 않는다. 예를 들어 산별노조가 소멸된다 하더라도 하부조직인 지부나 분회가 독자적인 규약 및 집행기관을 가지고 독립된 조직체로서 활동을 하며, 별도로 설립신고를 한 경우라면 해산되지 않는다고 보아야 할 것이다.

3. 해산신고

노동조합이 해산한 때에는 그 대표자는 해산한 날로부터 15일 이내에 행정관청에 이를 신고하여야 한다(제28조 제2항). 다만, 휴면노조의 경우에는 적용이 없다. 휴면노조의 경우 행정관청이 노동위원회의 의결을 얻은 때에 해산된 것으로 보기 때문이다(영 제13조 제2항). 단, 해산신고는 행정관청의 편의에 의한 단순한 행정절차에 불과한 것으로 이를 위반하였다고 하여 해산이 무효가 되는 것은 아니다.

4. 해산의 효과

(1) 청산

해산된 노동조합은 본래의 활동을 정지하고, 조합사무를 정리하며 조합재산을 청산하는바, 이러한 청산활동은 총회 또는 대의원회의 의결에 따라 이루어져야 한다.

(2) 조합재산의 귀속

① 법인인 노동조합은 민법상 사단법인 청산절차에 관한 규정이 준용되므로(법 제6조 제3항), 해산한 법인의 재산은 1차적으로 정관으로 지정한 자에게 귀속하며, 정관으로 귀속권리자를

---

12) 대법원 1998. 3. 13. 선고 97누19830 판결

지정하지 아니하거나 이를 지정하는 방법을 정하지 아니한 때에는 이사 또는 청산인은 주무
관청의 허가를 얻어 그 법인의 목적에 유사한 목적을 위하여 그 재산을 처분할 수 있다. 그래
도 처분되지 아니한 재산은 국고에 귀속한다(민법 제80조). 결과적으로 각 조합원은 조합재산
에 대하여 분할청구권을 인정할 수 없다.

② 비법인 노동조합의 경우 해산절차에 따라 총유가 폐지된다고 보아 조합규약이나 총회의 의
결에 따라 처분 또는 반환을 인정할 수 있다고 본다. 조합규약이나 총회의 결의로써 달리 정
한 바가 없다면 각 조합원은 조합재산에 대해서 그동안 납부한 조합비의 비율에 따라 잔여재
산분할청구권을 갖는다.

Ⅱ. 노동조합의 조직변동

1. 합병

(1) 의의

노동조합의 합병이란 2개 이상의 노동조합이 통합하여 하나의 노동조합이 되는 것으로 신설합병
과 흡수합병이 있다. 신설합병은 구 노조를 모두 해산한 후 하나의 신 노조를 결성하는 합병을 말하
며, 흡수합병은 어느 하나의 노동조합이 다른 노동조합을 흡수하는 합병을 말한다.

(2) 절차

합병을 하려는 노동조합은 합병에 관한 합의 내용을 ① 각자의 총회에서 의결해야 한다. 합병의
의결에는 재적조합원 과반수의 출석과 출석조합원 3분의 2이상의 찬성이 있어야 한다. 이와 함께
흡수합병의 경우에는 존속 노동조합의 조합규약의 변경, 신설합병의 경우에는 새로운 노동조합의
규약제정이 있어야 한다.

흡수합병의 경우 소멸노조의 대표자는 해산한 날로부터 15일 이내에 행정관청에 신고해야 하고
흡수 노조는 합병과 관련하여 조직대상이나 기관구성에 관해 규약내용을 변경한 때에는 그 내용을
행정관청에 통보해야한다(법 제13조 제1항). 신설합병의 경우 소멸노조의 대표자는 해산한 날로부
터 15일 이내에 행정관청에 이를 신고해야 하며, 신설노조의 대표자는 규약을 첨부하여 설립신고를
해야 한다.

(3) 법적 효과

신설합병의 경우 신설노조는 존속하고 소멸노조는 소멸하게 된다. 흡수합병의 경우 흡수노조는
존속하고 소멸노조는 소멸하게 된다. 한편 합병이전에 소멸노조가 체결한 단체협약 및 권리, 의무
는 회사의 합병에 관한 규정(상법 제235조)을 유추 적용하여 신설노조, 흡수노조에 포괄적으로 이
전되어 그 효력이 유지된다.

2. 분할

(1) 의의
분할이란 하나의 노동조합이 2개 이상의 노동조합으로 나뉨으로써 구 노동조합이 완전히 소멸하는 것을 말한다. 이는 구 노조는 그대로 존속한 채 일부 조합원이 집단적으로 탈퇴하는 경우인 분열과는 구별되는 개념이다.

(2) 절차
구 노조는 ① 총회에서 분할의 취지를 의결한다. 분할을 의결함에도 재적조합원 과반수의 출석과 출석조합원 3분의 2이상의 찬성이 있어야 하며, 신설노조의 경우 창립총회를 개최하고 새로 규약을 제정해야 한다. ② 분할로 인해 소멸하는 구 노조의 대표자는 해산한 날로부터 15일 이내에 행정관청에 해산신고를 해야 한다. 분할 의결에 따라 새로 설립되는 노조의 대표자는 규약을 첨부하여 설립신고를 해야 한다.

(3) 법적 효과
구 노조 단체협약의 새로운 노조 승계여부와 관련하여 분할 전후 조직 간의 실질적 동일성이 부정되므로 구 노조의 단체협약이 분할에 의하여 소멸, 종료 된다고 보는 것이 다수설의 입장이다.

3. 조직변경

(1) 의의
① 노동조합의 조직변경은 조합의 존속 중에 실체적 동일성을 유지한 채 그 조직형태를 변경하는 것을 말한다. 노동조합이 다른 유형의 노동조합으로 그 형태를 전환하는 경우에 기존 노동조합을 해산하고 새로운 노동조합을 설립해야 하는 번잡함을 피하기 위해 인정된 것으로, 노동조합이 그 동일성을 유지하면서 조직형태를 변경하려는 경우 해산 절차 없이 총회의 의결과 규약변경만으로 가능하다.
② 노조법 제16조 제1항 제6호에서 규정하고 있는 연합단체의 설립·가입·탈퇴는 노조법상 조직형태의 변경에 해당되지 않는다.

(2) 조직변경의 유형
① 조합원 자격범위 변경
조합원의 범위 변경은 규약변경으로 가능하다. 특정기업에 한정시켰다가 관련기업으로 확대되는 경우이다. 예를 들어 사업의 일부양도에 있어서 양도기업에 조직되어 있는 노동조합에서 그 조합원 자격범위를 양수 기업으로 소속이 변경된 종업원들에게까지 가입범위를 넓히는 경우이다. 영업양도의 경우 이 경우에는 변경의 취지를 총회에서 결의하고 규약을 변경하여야하고, 조직의 축소, 확대에 불과하므로 설립신고는 필요하지 않다.
② 단위조직과 연합체간의 상호전환

i) 연합체조직이 단위조직으로 변경되는 경우

연합체 조직 및 각 구성노조의 총회에서 조직변경 취지를 결의, 규약을 변경한다. 그리고 단일조직으로 변경된 연합체조직은 변경신고를 하여야 한다. 이 경우 가입주체가 단체인 가입주체가 단체인 노동조합에서 개별 근로자로 바뀐다.

ii) 단위조직이 연합체조직으로 변경되는 경우

산별노조와 같은 단위노조가 그 지부·분회 등 산하조직을 구성단체로 하는 연합노조로 개편하려는 경우에는 단위노조의 총회에서 그 취지를 결의하고 규약을 변경하는 한편, 산하조직별로 규약을 제정하고 설립신고를 하여야 한다. 이 경우 가입주체는 개개 근로자에서 단체인 노동조합으로 바뀐다.

③ 기업별노조와 산업별노조지부간의 상호전환

기업별노조가 산업별노조 지부로 편입하는 것은 총회의결 및 규약변경을 통해 가능하다. 그러나 산별노조 기업별지부가 기업별 노조로의 조직형태 변경이 가능한지, 특히 산업별노조의 해당 지부에 대한 해산결의 또는 승인 없이 지부 자체 결의에 의한 조직변경이 가능한지와 관련하여 견해가 나뉘고 있다.

관련판례 조직형태 변경(산별지부의 기업별노조 전환)

조직변경에 관한 노동조합 및 노동관계조정법 제16조는 조직변경의 주체가 "노동조합"임을 전제로 조직형태변경에 관한 사항은 총회의 의결을 거쳐야 하고, 재적조합원 과반수의 출석과 출석조합원 2/3 이상의 찬성에 의하여야 하는 것으로 규정하고 있는 점, 노동조합의 조직형태변경은 변경 후의 조합이 변경 전의 조합의 재산관계 및 단체협약 주체로서의 지위를 그대로 승계한다는 조직변경의 효과에 비추어 볼 때 변경 전후의 조합의 실질적 동일성이 인정되는 범위 내에서만 인정되어야 하는 점, 초기업적인 산업별·직종별·지역별 단위노동조합의 지부 또는 지회는 독자적인 규약 및 집행기관을 가지고 독립한 단체로서 활동을 하면서 그 조직이나 조합원에 고유한 사항에 대하여는 독자적인 단체교섭 및 단체협약체결 능력을 가지고 있어 기업별 단위노동조합에 준하여 볼 수 있는 경우가 아닌 이상 노동조합법에서 금지(2011.6.30.까지)하고 있는 복수노조의 노조에 해당하지 않으므로 위 지부 또는 지회 소속 조합원은 언제든지 조합을 탈퇴하여 새로운 기업별 단위노동조합을 설립할 수 있는 점 등을 종합해보면, 초기업적인 산업별·직종별·지역별 단위노동조합의 지부 또는 지회는 독자적인 규약 및 집행기관을 가지고 독립한 단체로서 활동을 하면서 그 조직이나 조합원에 고유한 사항에 대하여는 독자적인 단체교섭 및 단체협약체결 능력을 가지고 있어 독립된 노동조합으로 볼 수 있는 경우에만 조직변경의 주체가 될 수 있다고 할 것이다(서울중앙지법 2011.07.26, 2010가합124798).

(3) 유효요건

① 실질적 요건

조직변경으로서 인정을 받기 위해서는 노동조합의 실체적인 동일성이 유지되어야 한다.

② 형식적요건

i) 총회의 의결

조직형태의 변경에 관한 사항은 반드시 총회의 의결을 거쳐야 하며, 이때에는 재적조합원의 과반수 출석과 출석조합원의 3분의 2이상의 찬성이 있어야 한다. 이는 조직형태의 변경이 근로자에게 중요한 영향을 미친다는 점을 감안한 규정이다.

ii) 규약의 변경

조직변경이 있게 되면 조합규약의 내용인 명칭과 조합원의 지위에 변경이 따르므로 규약의 변경이 있게 된다. 따라서 규약의 변경절차를 거쳐야 하는데, 규약변경의 절차는 총회, 대의원회에서 비밀, 직접, 무기명투표에 의한 출석조합원의 3분의 2이상의 찬성이 있어야 한다.

iii) 행정관청에의 변경통보

조직변경으로 인하여 규약을 변경하여야 하므로 이를 행정관청에 30일 이내에 규약변경 신고 또는 통보를 하여야 한다. 이는 행정관청의 편의를 위한 것이므로 이를 위반한 경우에는 일정한 제재를 받겠지만, 조직변경의 효력에는 영향을 미치지 않는다.

(4) 효과

① 단체협약상의 채권채무

조직변경의 경우 노동조합의 동일성이 그대로 유지되므로 변경 전의 당해 지부가 해결하였던 단체협약은 조직변경 후의 노동조합에 그대로 승계된다고 보며, 기타 권리·의무 및 재산관계도 그대로 승계된다고 본다.

② 조합원의 지위존속

조직변경 후에도 조합원으로서의 지위는 그대로 유지되므로 별도의 가입절차는 필요하지 않다.

Chapter 4

단체교섭

제1절 단체교섭 총설

I. 단체교섭의 의의와 유형

1. 의의

(1) 개념

단체교섭이라 함은 노동조합과 사용자 또는 사용자 단체 간에 근로조건의 유지·개선 기타 근로자의 경제적·사회적 지위향상을 도모하기 위한 집단적인 교섭(협상)을 말한다. 단체교섭은 엄격히 따지면 사실행위인 교섭 그 자체와 법률행위인 협약체결의 양면으로 구별하여 생각할 수 있다.

(2) 단체교섭의 보장

헌법 제33조 제1항에 의거하여 보장된 단체교섭권에 관한 노조법상의 구체적 보장규정을 살펴보면 다음과 같다.

> ① 단체교섭이 본래의 목적 범위 내에서 행해질 경우 이는 정당행위로서 그 형사상 책임이 면제된다(제4조).
> ② 사용자가 정당한 이유 없이 단체교섭을 거부하거나 해태하는 경우 이는 부당노동행위가 된다(제30조 및 제81조 제3호).
> ③ 근로시간 중에 단체교섭을 행한데 대하여 임금을 지급하더라도 경비원조에 해당하지 않는다(제81조 제4호).

2. 유형

(1) 개설

단체교섭의 방식은 노동조합의 조직형태, 노동운동의 발전과정 또는 산업사회의 발전양태에 따라 상이한 양상을 보이고 있다. 현행법은 단체교섭의 방식에 관하여 아무런 규정을 두지 않고 있으므로 노사 간에 자유로이 택할 수 있다.

(2) 방식

① 기업별교섭

특정기업 내의 근로자로 구성된 노동조합과 그 상대방인 사용자 사이에 행하여지는 단체교섭으로서 우리나라나 일본에서 가장 일반적으로 행하여지는 방식이다.

② 통일교섭

㈎ 전국적 또는 지역적인 산업별 또는 직종별 노동조합과 이에 대응하는 전국적 또는 지역적인 사용자단체 사이에 행하여지는 초 기업적인 단체교섭을 말한다.

㈏ 노동조합이 산업별 또는 직종별로 전국적 또는 지역적인 노동시장을 지배하고 강력한 통제력을 가지고 있는 경우 이 방식을 취한다.

㈐ 독일·영국 등 선진국에서 이 방식을 활용하는 것이 일반적이다.

③ 대각선교섭

㈎ 산업별 노동조합이 개별 사용자와 교섭하는 방식이다.

㈏ 이것은 산업별 노동조합에 대응하는 사용자단체가 없거나 또는 이러한 사용자단체가 있더라도 각 기업에 특수사정이 있을 때에 이 방식이 사용된다.

④ 공동교섭

산업별 노동조합이 지부와 공동으로 사용자와 교섭하는 것을 말한다. 산업별 노동조합과 지부가 연명으로 사용자에 대하여 단체교섭을 요청하기 때문에 연명교섭이라고도 한다.

⑤ 집단교섭

몇 개의 기업별노조가 이에 대응하는 사용자들과 집단적으로 교섭하는 방식을 말하며, 연합교섭 또는 집합교섭이라고도 한다. 이는 노동조합이 상부단체에 소속되어 있지 아니하거나 상부단체가 없는 경우에 취하는 방식이다.

Ⅱ. 단체교섭의 방법

1. 개설

(1) 현행법은 단체교섭의 절차, 즉 그 시기·장소·참가인원 등에 관하여 아무런 규정을 두고 있지 않다. 따라서 단체교섭의 절차에 관하여는 이를 단체협약 등에서 정하고 있는 경우가 일반적이다.

(2) 단체협약에 의하든 또는 노동관행에 의하든 단체교섭의 절차가 정립되어 있고 노동조합이 그러한 절차에 의하여 사용자 측에게 단체교섭을 요구하고 있는 경우에 만약 사용자측이 정당한 이유 없이 단체교섭을 거부한다면 이는 부당노동행위가 된다.

2. 폭력 등의 금지

노동조합이 단체교섭을 수행하는 경우 어떠한 경우에도 폭력이나 파괴행위는 허용될 수 없다(제4조). 폭력이나 파괴행위에 의한 단체교섭은 민·형사상의 책임을 면할 수 없다.

3. 성실교섭의무와 권한남용금지

(1) 법 규정

㈎ 노동조합과 사용자 또는 사용자단체는 신의에 따라 성실히 교섭하고 단체협약을 체결하여야 하며 그 권한을 남용하여서는 아니된다(제30조 제1항).

㈏ 노동조합과 사용자 또는 사용자단체는 정당한 이유 없이 교섭 또는 단체협약의 체결을 거부하거나 해태하여서는 아니된다(동조 제2항).

(2) 개념

　① 성실교섭의무란 노동조합과 사용자 또는 사용자 단체가 단체교섭에 있어서 신의에 따라 성
실히 교섭하고 단체협약을 체결하고 그 권한을 남용하여서는 아니 될 의무를 말한다.

　② 사용자가 부담하는 단체교섭의무에는 단순히 단체교섭에 응할 의무뿐만 아니라 교섭의 과정
에서 합의형성을 위하여 성실하게 노력할 의무도 포함된다.

　③ 이러한 성실교섭의무의 법적근거는 민법상의 신의칙에서 찾을 수 있다.

(3) 취지

　① 단체교섭권은 사용자와의 실질적인 대등성을 확보하고 노사자치주의를 실현하기 위하여 노
동조합에 인정된 권리이다. 이러한 단체교섭권을 구체적으로 실현하기 위하여 법은 사용자와
노동조합에게 성실교섭의무를 부과하고 있는 것이다.

　② 노동조합의 성실교섭의무의 위반은 사용자의 단체교섭에 대한 거부권 행사의 정당한 사유가
될 뿐이므로, 법 제81조 제 3호에서 부당노동행위로서 규정하고 있는 사용자의 단체교섭거부
를 고려할 때 실질적으로 성실교섭의무는 사용자가 부담하는 의무이다.

(4) 성실교섭의무의 이행자

　① 사용자 또는 사용자단체와 노동조합

　　사용자가 단체교섭에 있어 성실교섭의무를 이행하는 것은 당연하며, 위반한 경우는 부당
노동행위에 의한 처벌의 대상이다. 또한 노동조합도 사용자에 대하여 성실교섭의무를 부
담한다.

　② 단체교섭의 담당자 또는 위임을 받은 자

　　단체교섭의 담당자 또는 위임을 받은 자 또한 노동조합과 사용자 또는 사용자 단체의 이익을
위해서 성실하게 교섭할 의무를 부담한다.

관련행정해석　단체교섭권의 위임

【질 의】

1. 교섭도중에 노조가 상급노동단체에 단체교섭 및 체결권을 위임한 것은 고의적으로 교섭에 혼란을 초래케
하는 교섭질서 문란행위로서 이 경우 공사에서 상급노동단체의 교섭요구를 거부하여도 정당한 사유가 될 수
있는지 여부

2. 교섭권을 위임받은 상급단체의 교섭위원이 해고 등으로 근로자의 자격에 하자가 있는 경우 회사에서 교섭
위원의 교체요구를 할 수 있는지, 이로인해 교섭을 거부하더라도 정당한 사유에 해당되는지

【회 시】

　노동조합과 사용자는 신의에 따라 성실히 교섭할 의무가 있으며 현행법에서는 사용자가 정당한 이유 없이 교섭을 거부하는 것을 부당노동행위의 하나로 규정하여 이를 금지하고 있음. 다만, 사용자에게 정당한 사유가 있는 경우에는 성실교섭 의무가 면제되어 단체교섭을 거부할 수 있다 할 것이나 이 때 사유의 정당성 여부는 노사간 대등한 지위에서의 정상적인 교섭의 실현이라는 단체교섭권 보장의 취지를 고려하여 개별 사례별로 판단하여야 할 것임.

　15차에 걸쳐 교섭을 진행하던중 노동조합이 상급노동단체에 교섭권 및 체결권을 위임하였다는 이유만으로 사용자가 단체교섭을 거부하는 경우라면 그 정당성을 인정받기 어려울 것임.

　<u>교섭당사자인 노동조합과 사용자는 각각 원하는 자에게 법과 규약이 정한 절차에 따라 교섭권을 위임할 수 있으며, 이 경우 상대방은 정당하게 교섭권한을 위임받은 수임자와 성실히 교섭할 의무가 있음</u>(1997.07.01. 노조01254-599).

(5) 내용

① 합의달성을 위한 노력의 의무

　사용자는 단체교섭과정에 있어서 합의도달을 위해 신의칙상 진지하게 노력하여야 할 의무를 진다. 따라서 ㉠ 단체교섭을 처음부터 거부하는 행위, ㉡ 주로 서면에 의한 회답만 하는 행위, ㉢ 조건을 부과하는 행위, ㉣ 체결권한이 없는 자를 교섭담당자로 하는 행위 등은 성실교섭의무 위반이 된다.

② 설명의무와 자료제공의무

　사용자는 교섭대상과 관련하여 노동조합 측에 필요한 설명을 하거나 관련 자료를 제공해야 한다. 따라서 기업비밀준수 등을 이유로 한 관련 자료의 제공거부행위는 성실교섭의무의 위반이 될 수 있다. 다만 개별근로자의 비밀보호 또는 그 필요성이 있는 경우에의 거부는 동 의무의 위반이라고 할 수 없다.

③ 단체협약 체결의무

　사용자는 교섭의 결과 합의가 성립되면 이를 단체협약으로 체결해야한다. 따라서 사용자에게 단체협약의 체결을 의무지우는 것은 아니지만, 합의가 달성된 이상 그 내용을 단체협약화하지 않는 것은 성실교섭의무의 위반이 된다.

(6) 한계

① 의의

　법상 사용자 또는 사용자단체와 성실교섭의 의무를 부과하고 있더라도 무조건적으로 사용자와 노동조합이 동 의무를 지는 것은 아니다. 즉, 사용자 또는 사용자 단체는 교섭거부의 정당한 사유가 존재하면 정당하게 이를 거부할 수 있다.

② 주체

　사용자는 교섭권한이 없는 노동조합 또는 그로부터 위임을 받은 자가 교섭을 요구하는 경우에는 이를 정당하게 거부할 수 있다.

③ 교섭대상

사용자에게 처분할 권한이 없거나 근로조건과 관계없는 사항에 대하여 사용자는 이를 정당하게 거부할 수 있다.

④ 교섭방법 및 절차

교섭방법 및 절차에 대하여 협약 등에 정함이 있거나 관행이 있는 경우에는 노사당사자는 그에 따라야 하나, 이를 무시한 경우에는 정당하게 단체교섭을 거부할 수 있다.

Ⅲ. 교섭창구 단일화

1. 원칙

하나의 사업 또는 사업장에서 조직형태에 관계없이 근로자가 설립하거나 가입한 노동조합이 2개 이상인 경우 노동조합은 교섭대표노동조합(2개 이상의 노동조합 조합원을 구성원으로 하는 교섭대표기구를 포함)을 정하여 교섭을 요구하여야 한다. 다만, 교섭대표노동조합을 자율적으로 결정하는 기한[13] 내에 사용자가 교섭창구 단일화 절차를 거치지 아니하기로 동의한 경우에는 그러하지 아니하다(법 제29조의2 제1항).

2. 세부 절차

(1) 자율적 교섭대표노조 결정 및 과반수 노동조합의 교섭대표노조 지위 인정

교섭대표노동조합을 자율적으로 결정하는 기한 내에 교섭대표노동조합을 정하지 못하고 교섭창구 단일화절차를 거치지 아니하기로 하는 사용자의 동의도 얻지 못한 경우에는 교섭창구 단일화 절차에 참여한 노동조합의 전체 조합원 과반수로 조직된 노동조합(2개 이상의 노동조합이 위임 또는 연합 등의 방법으로 교섭창구 단일화 절차에 참여한 노동조합 전체 조합원의 과반수가 되는 경우를 포함)이 교섭대표노동조합이 된다(법 제29조의2 제3항).

(2) 자율적 공동교섭대표단 구성

위 절차에 따라 교섭대표노동조합을 결정하지 못한 경우에는 교섭창구 단일화 절차에 참여한 모든 노동조합은 공동으로 교섭대표단(이하 "공동교섭대표단")을 구성하여 사용자와 교섭하여야 한다. 이 때 공동교섭대표단에 참여할 수 있는 노동조합은 그 조합원 수가 교섭창구 단일화 절차에 참여한 노동조합의 전체 조합원 100분의 10 이상인 노동조합으로 한다(동조 제4항).

---

13) 참여 노동조합이 확정된 날부터 14일(법 시행령 제14조의6)

※ 단협 유효기간 3개월이 되는 날부터 교섭요구가 가능하며(법 시행령 제14조의2), 최초 교섭요구일로부터 7일간 공고하여 다른 노동조합의 교섭참여 요구를 받은 후(동 개정안 제14조의4), 교섭참여 노동조합을 확정함(법 시행령 제14조의5).

관련행정해석 복수노조의 창구단일화 절차

교섭에 참여한 어느 노조도 과반수 통지 및 자율적 공동교섭대표단 통지를 하지 않는 경우 창구단일화 절차

【질 의】

〈사실관계〉

– A노조: 기업 노조, 조합원수 300여명, 임〈단〉협 만료일: 2012.3.31., 〈2013.4.7〉
– B노조: 산별 지부, 조합원수 160여명, 임〈단〉협 만료일:2012.3.31. 〈2013.8.11〉
– B노조는 2012.3.7, A노조는 2012.6.26 각각 임금교섭 요구
– 사측 교섭요구 사실공고(7.2–7.9), 참여노조 확정공고(7.10–7.16, 참여노조 A노조, B노조)
– 자율적 교섭대표노동조합 결정기간(7.17–7.31) 중 A노조와 B노조 개별교섭 요청 ⇒ 사측 7.31 양 노조에 개별교섭 부동의 통지
– 과반수 노동조합의 통지 기한(8.1–8.6) 중 A노조 과반수 노조 미통지

〈질의내용〉

– A노조와 B노조가 자율적 교섭대표노동조합 결정기간 동안 교섭대표노동조합을 정하지 못하였고, 과반수 노조 통지도 하지 않는 등 교섭대표노동조합 결정기간이 도과한 후, 양 노조가 공동교섭대표노동조합을 구성 또는 A노조가 과반수 노조임을 사측에 통지할 경우 효력 여부

【회 시】

1. 노조법 제29조의2 제3항 및 동법 시행령 제14조의7에 따르면 자율적 교섭대표 결정 기한 내에 교섭대표노동조합을 정하지 못하고 사용자의 개별교섭 동의를 얻지 못한 경우, 교섭창구단일화절차에 참여한 모든 노동조합의 전체 조합원 과반수로 조직된 노동조합은 자율적 교섭대표노동조합 결정 기한이 만료된 날부터 5일 이내에 사용자에게 과반수노조라는 사실 등을 통지하여야 함.

2. 그러나 해당 기한 내에 과반수 노동조합의 통지가 없어 과반수 노동조합의 교섭대표노동조합 확정 절차에 따른 교섭대표노동조합이 결정되지 못한 경우, 공동교섭대표단에 참여할 수 있는 노동조합은 자율적 교섭대표결정기한이 만료된 날부터 10일 이내에 자율적으로 공동교섭대표단을 구성하여 사용자에게 통지하여야 하며,
– 해당 기한까지 공동교섭대표단 구성에 합의하지 못한 경우 노동조합의 일부 또는 전부는 노동위원회에 공동교섭대표단 구성에 관한 결정 신청을 하여야 함.

3. 따라서 귀 질의와 같이 자율적 단일화 기간 동안 교섭대표노동조합을 결정하지 못하고 사용자의 개별교섭 동의도 득하지 못하였으며, 그 이후 교섭에 참여한 어느 노동조합도 과반수 노동조합 통지 및 자율적 공동교섭대표단 구성 통지를 해당 기한 내에 하지 않은 경우에는 그 다음 교섭창구단일화 단계인 노동위원회 결정에 의한 공동교섭대표단 구성 절차로 넘어갈 것인바, 교섭 참여 노조는 관할 노동위원회에 공동교섭대표단의 구성에 관한 결정을 신청하는 것이 바람직할 것임. (2012-10-29, 노사관계법제-2992)

(3) 노동위원회에 의한 공동교섭대표단 구성

교섭창구 단일화 절차에 참여한 노동조합 간에 공동교섭대표단의 구성에 합의하지 못할 경우에 노동위원회는 해당 노동조합의 신청에 따라 조합원 비율을 고려하여 이를 결정할 수 있으며,[14] 교섭대표노동조합을 결정함에 있어 교섭요구 사실, 조합원 수 등에 대한 이의가 있는 때에는 노동위원회는 노동조합의 신청을 받아 그 이의에 대한 결정을 할 수 있다(동조 제5항 및 제6항). 위와 같은 노동위원회의 결정에 대한 불복절차 및 효력은 중재재정의 확정과 효력에 관한 노조법 제69조와 제70조제2항을 준용한다(동조 제7항).

3. 교섭단위 분리

하나의 사업 또는 사업장에서 현격한 근로조건의 차이, 고용형태, 교섭 관행 등을 고려하여 교섭단위를 분리할 필요가 있다고 인정되는 경우에 노동위원회는 노동관계 당사자의 양쪽 또는 어느 한 쪽의 신청을 받아 교섭단위를 분리하는 결정을 할 수 있으며(법 제29조의3 제2항), 이러한 교섭단위 분리결정시 각 교섭단위 내에서 교섭창구 단일화절차에 따라 교섭대표노조를 결정하여야 한다.[15]

관련행정해석 교섭단위분리 결정의 효과

교섭단위분리 결정 권한은 노동위원회에 있으므로 노동위원회가 교섭단위 분리 결정을 한 이후 노사가 임의적으로 교섭단위 재결합을 할 수는 없다.

【질 의】

노동위원회의 교섭단위 분리결정을 받은 이후, 여하한 환경이나 사유로 교섭단위 재결합이 요구될 경우 노사간 임의적 합의에 의하여 교섭단위를 통합할 수 있는지, 만약에 노사간 임의적 합의가 불가능하다면, 분리된 교섭단위 재결합의 요건과 절차는 어떻게 되는지

【회 시】

1. 노조법 제29조의3 제2항은 하나의 사업(장)에서 현격한 근로조건의 차이, 고용형태, 교섭 관행 등을 고려하여 교섭단위를 분리할 필요가 있다고 인정하는 경우에 노동위원회는 노동관계 당사자의 양쪽 또는 어느 한 쪽의 신청을 받아 교섭단위를 분리하는 결정을 할 수 있다고 규정하고 있음.

2. 따라서 교섭단위분리 결정 권한은 노동위원회에 있으므로 노동위원회가 교섭단위 분리 결정을 한 이후 사정변경 등으로 교섭단위 분리 요건이 더 이상 충족되지 못하거나 교섭단위 분리의 조정을 필요로 하는 요건이 발생한 경우에는 당사자의 신청에 따라 노동위원회가 기존의 분리결정을 취소하거나 새로운 교섭단위 분리결정을 할 수 있을 것이며, 노사가 임의적으로 교섭단위 재결합을 할 수는 없음.(2011.6.3, 노사관계법제과-900)

---

14) 이 경우 공동교섭대표단의 규모는 10명 이내로 함(법 시행령 제14조의9 제2항).
15) 고용노동부 노조법 개정 설명자료, 22면

4. 공정대표의무

교섭대표노동조합과 사용자는 교섭창구 단일화 절차에 참여한 노동조합 또는 그 조합원 간에 합리적 이유 없이 차별을 하여서는 아니 된다(법 제29조의4 제1항). 노동조합은 교섭대표노동조합과 사용자가 이를 위반하여 차별한 경우에는 그 행위가 있은 날(단체협약의 내용의 일부 또는 전부가 공정대표의무에 위반되는 경우에는 단체협약 체결일)부터 3개월 이내에 노동위원회에 그 시정을 요청할 수 있다(동조 제2항). 노동위원회는 위 시정 신청에 대하여 합리적 이유 없이 차별하였다고 인정한 때에는 그 시정에 필요한 명령을 하여야 하며, 이러한 노동위원회의 명령 또는 결정에 대한 불복절차 등에 관하여는 노동위원회 구제명령의 확정과 효력에 관한 제85조 및 제86조를 준용한다(동조 제3항 및 제4항).

관련판례 교섭대표노동조합의 공정대표의무

1. 단체교섭 창구 단일화 제도와 공정대표의무의 입법목적에 비추어 보면 공정대표의무 위반 여부는 단체교섭의 결과물인 단체협약만을 놓고 판단할 수는 없고, 그 단체협약 이후에 단체협약에 기초하여 이루어진 회사와 교섭대표노동조합 사이의 협의나 회사의 노동조합들에 대한 조치도 그것이 애초부터 단체교섭과정에서 교섭대표노동조합과 회사 사이에 논의될 수 있는 성질의 것이라면 공정대표의무 위반 여부가 문제될 수 있다. 이 사건 단체협약 제18조는 노동조합에게 신입사원 교육시간을 1시간 부여한다고만 정하고 있을 뿐 복수의 노동조합이 있는 경우 그 노동조합들 사이에 교육시간을 어떻게 배분할 것인지에 대하여는 정하고 있지 아니하다. 이와 같은 상황에서 신입사원 교육시간 배분문제는 회사와 복수의 노동조합이 상호 협의하여 정하여야 할 것이나, 협의가 이루어지지 않는 경우 결국 단체교섭과정에 준하여 회사와 교섭대표 노동조합이 논의하여 정하여야 할 것으로 보인다. 그런데 공정대표의무 위반 여부가 문제된 원고의 이 사건 조치(노동조합에게 부여된 1시간의 교육시간의 신입사원 교육시간을 교섭대표노동조합에게 50분, 소수 노동조합에게 10분 할당)는 원고가 참가인 노동조합(소수 노동조합)과 소외 노동조합(교섭대표 노동조합)에게 이 사건 단체협약에 따라 부여된 이 사건 교육시간의 사용에 관한 협의를 요청한 후, 위 두 노동조합이 각자 이 사건 교육시간 전부를 사용하겠다고 회신함에 따라 원고가 그 시간을 임의로 배분한 것으로서, 복수의 노동조합이 있는 경우 그 노동조합들 사이에 교육을 어떻게 배분할 것인지는 단체교섭과정에서 교섭대표노동조합과 회사 사이에 논의될 수 있는 성질의 것이고 그것이 논의되지 아니하여 결국 원고가 이 사건 조치에 이르게 된 것이므로 원고의 공정대표의무 위반 여부가 문제될 수 있다.

2. 이 사건 단체협약 제18조는 노동조합의 활동에 관한 조항이므로 노동조합 조합원의 규모에 따라 그 정도에 차등을 두어야 할 별다른 이유를 찾을 수 없다. 신입사원의 교육시간에 노동조합 설명회 시간을 부여하는 것은 노동조합제도 및 관련 법령의 이해와 노동조합에 대한 홍보, 가입안내 등을 위한 것인데, 이러한 설명에 관한 시간이 소속 노동조합원의 수에 따라 크게 달라질 것이라고 보이지는 않고, 오히려 소수 노동조합으로서는 다수의 근로자에 대한 접촉 및 홍보가 어려울 것이기 때문에 조합의 규모 확대를 위하여 신입사원이 집결해 있는 교육과정에서 자신들을 홍보할 필요성이 더욱 높아 보인다. 그런데 회사가 소수 노동조합에게 할당한 10분은 노동조합의 홍보 및 가입안내를 하기에 지나치게 짧아 정상적인 노동조합 활동을 할 수 있는 시간으로 보기 어렵다. 따라서 신입사원 교육시간 배분에 있어서 소수 노동조합을 차별한 조치는 합리적 이유가 있다고 보기 어렵다. (서울행법 2014.04.04., 2013구합4590)

제2절 단체교섭의 주체

Ⅰ. 서

1. 단체교섭의 당사자

　단체교섭의 당사자란 단체교섭을 스스로의 이름으로 수행하고 단체협약이 체결되는 경우에 협약상의 권리 · 의무의 주체를 말한다.

　예컨대, 노동조합의 대표자와 사용자의 대표자가 단체교섭을 하는 경우 단체교섭의 당사자는 노동조합과 사용자이다.

2. 단체교섭의 담당자

　단체교섭의 담당자란 단체교섭을 직접적으로 담당하여 현실적으로 협의하고 교섭하는 자를 말하며 노동조합의 대표자와 사용자의 대표자가 단체교섭을 하는 경우 단체교섭의 담당자는 노사 양측의 대표자이다.

Ⅱ. 근로자 측의 단체교섭 주체

1. 당사자

(1) 단위노조

　근로자가 직접 그 구성원이 되어 있는 단위노조는 기업별노조건 산별노조건 단체교섭 당사자가 된다. 제2노조가 설립되어 있는 경우 제2노조도 단체교섭의 당사자가 될 수 있다.

(2) 법외조합
　① 비민주적 노조(헌법상 노조)
　　이러한 근로자단체는 법 제7조 등에 정한 불이익을 받는다 하더라도 그 근로자단체에 대하여 노동조합으로서의 자격을 전적으로 부인할 것은 아니므로 단체교섭의 당사자가 될 수 있다.
　② 비자주적 노조(비노조)
　　실질적 요건 중에서도 적극적 요건을 갖추지 못한 근로자단체는 단체교섭의 당사자가 될 수 없다. 그러나 실질적 요건 중 적극적 요건은 갖추었으나 법 제2조 제4호 각목의 소극적 요건 중의 일부에 해당하는 근로자단체의 경우에는 구체적인 경우에 따라 자주성확보의 정도를 기준으로 판단하여야 할 것이다.

(3) 일시적 쟁의단
　당면한 특정 목적을 달성하기 위하여 조직된 일시적 쟁의단도 노동조합은 아니지만 단체교섭의 당사자가 될 수 있다는 견해도 있다. 그러나 특정목적을 위한 계약상의 당사자로 인정할 수 있지만, 단체교섭의 당사자자격은 부인된다고 본다.

(4) 노동조합의 상부단체

연합단체가 자신의 규약 내에 단체협약의 체결을 목적활동으로 삼고 있는 경우에는 연합단체에 고유한 사항이나 소속 단위노조에 공통적인 사항에 대해 단체교섭 당사자의 지위를 가질 수 있다고 본다.

(5) 노동조합의 하부조직

단위노동조합의 하부조직인 노동조합지부·분회도 독자적인 규약 및 기관을 가지고 독립된 단체로서 활동하는 경우에는 노동조합의 위임에 의해 그 조직이나 조합원에게 고유한 사항에 대하여 독자적으로 교섭하고 협약을 체결할 수 있다. 이는 그 분회나 지부가 그 설립신고를 하였는지 여부에 영향 받지 않는다.[16]

2. 담당자

(1) 노동조합의 대표자

① 근로자 측의 대표적인 단체교섭의 담당자는 노동조합의 대표자이다. 노동조합의 대표자는 조합규약 등에 의하여 선출된 대표임원을 말하며, 보통 위원장이 이에 해당된다. 그러나 노사협의회의 대표자는 이에 해당하지 않는다.

② 노동조합의 대표자는 그 노동조합 또는 조합원을 위하여 사용자나 사용자단체와 교섭하고 단체협약을 체결할 권한을 가진다(제29조 제1항). 1996.12.30. 개정법에서 노조대표자의 단체협약체결권을 명시하여 조합원 총회의 부결을 이유로 합의사항을 번복하고 다시 재교섭을 요구하는 사례를 방지하고 노사의 자율교섭을 촉진하도록 하였다.

(2) 노동조합으로부터 위임을 받은 자

① 노동조합으로부터 위임을 받을 수 있는 자의 범위에 관하여는 아무런 제한이 없다. 따라서 당해 노동조합의 조합원은 물론 비조합원인 일반 근로자 및 타 조합원 기타 외부의 노동전문가에게 위임하는 것도 가능하다.

② 노동조합으로부터 교섭 또는 단체협약의 체결에 관한 권한을 위임받은 자는 그 노동조합을 위하여 위임받은 범위 안에서 그 권한을 행사할 수 있다(동조 2항).

③ 노동조합은 교섭 또는 단체협약의 체결에 관한 권한을 위임한 때에는 ㉠ 위임받을 자의 성명, ㉡ 교섭사항, ㉢ 권한 범위 등을 명시하여 그 사실을 상대방에게 통보하여야 한다(동조 제3항, 동법 시행령 제14조 제2항).

---

16) 대판 2001.2.23. 2000도4299

Ⅲ. 사용자 측의 단체교섭 주체

1. 당사자

(1) 사용자

① 단체교섭의 상대방으로서의 사용자는 노동조합의 단체교섭 요구에 대하여 응낙의무를 지는 상대편 당사자를 말한다. 원칙적으로 개인기업의 경우에는 그 기업주 개인, 법인기업의 경우에는 법인이 사용자로서 단체교섭의 당사자가 된다.

② 그러나 반드시 근로계약 관계가 존재해야 하는 것은 아니며 실질적 영향력 내지 지배력을 행사하고 근로조건을 결정할 수 있는 자는 널리 단체교섭의 당사자가 된다고 본다. 따라서 여기에서의 사용자는 노조법 제2조 제2호 및 근기법 제2조 제2호의 사용자의 개념과 일치하는 것은 아니다.

③ 단체교섭 상대방으로서의 사용자에 해당하게 되면 단체교섭에 응낙의무가 있으므로 정당한 이유 없이 단체교섭을 거부·해태하게 되면 부당노동행위를 행한 것으로 되어 형사책임까지도 부담하게 된다.

(2) 사용자단체

① 사용자단체도 단체교섭의 당사자가 될 수 있다(제 29조 제1항). 여기에서 사용자 단체라 함은 근로관계에 관하여 그 구성원인 사용자에 대하여 조정 또는 규제할 수 있는 권한을 가진 사용자의 단체를 말한다.

② 노동조합과 단체협약을 체결할 것을 그 목적으로 하고, 그 구성원인 각 사용자에 대하여 조정 또는 규제할 수 있는 권한을 가진 사용자 단체는 교섭권을 가질 수 있다. 다만, 사용자 단체가 일시적으로 구성원으로부터 협약체결을 위임받아 단체협약을 체결하는 경우에는 단체협약의 당사자는 사용자단체가 아니라 사용자 개인이 된다.

(3) 사용자 개념의 확장

① 인정취지

단체교섭의 상대방으로서의 사용자를 형식적인 근로계약당사자에 한정시킬 경우에 여러 불합리한 결과가 도출될 수 있다. 따라서 사회·경제의 변화에 따른 복잡 다양한 근로형태에 즉응하여 노사문제를 합리적으로 해결하기 위하여는 단체교섭상의 사용자 개념을 확대하여 인정할 필요가 있다.

② 학 설

가. 근로계약관계설

이 설은 당해 근로자와 근로계약관계에 있는 자를 사용자로 보는 학설로 명시적이든 묵시적이든 최소한 근로계약관계가 존재해야 된다고 한다.

나. 사용종속관계설

이 설은 형식적 근로계약의 존재를 기준으로 하는 것이 아니라 그 실질을 살펴보아 사실상의 사용종속관계가 있는 경우에는 단체협약상의 사용자로 본다는 입장이다.

다. 지배력설

이 설은 근로관계의 유무에 관계없이 근로관계상의 제 이익에 대한 실질적인 영향력 내지 지배력을 가진 자를 사용자로 본다는 입장이다.

라. 대향(對向)관계설

이 설은 근로자의 자주적인 단결과 단결목적에 관련하여 대향관계에 있는 자를 사용자로 본다. 이 견해는 헌법상 보장된 노동3권을 구체화한 집단적 노사관계법상의 사용자개념의 정립이라는 관점에서 위 지배력·영향력설을 비판·발전시킨 이론이다.

관련판례 사용자범위의 확장

사용자(또는 사용자단체)는 단체교섭의 상대방으로서 신의에 따라 성실히 교섭하고, 정당한 이유 없이 단체교섭을 거부하거나 해태하여서는 아니되는 바, 이때 단체교섭당사자로서의 사용자는 근로자와 근로계약을 체결한 근로계약의 당사자가 되는 것이 보통이고, 도급 또는 하청의 경우 원기업체는 하청업체의 근로자와 직접 근로계약을 체결하고 있지 아니하므로 원기업체가 단체교섭의 당사자가 될 수는 없을 것이나, 다만 하청업체의 근로자가 원기업체의 생산과정에 투입되어 원기업체의 지휘, 명령하에 근로를 제공하고 있고, 원기업체가 하청업체의 근로자에 대하여 실질적인 사용종속관계를 가지고 영향력 또는 지배력을 행사할 수 있는 경우에는 원기업체 역시 단체교섭의 상대방이 된다고 봄이 상당하다.

이 사건에서, 신청인이 하청업체 소속 근로자 등에 대해 인사발령한 사실, 하청업체 소속 근로자들에 대한 교육훈련을 직접 실시한 점, 하청업체 소속 근로자들은 하청업체별로 나뉘지 않고 각 부서별로 혼재돼 조장의 지시에 따라 작업을 수행해온 점, 또 자동차 시트의 생산에 필요한 이 사건 ○○공장 내 부지, 기계, 설비 등 장비가 신청인이 제공하는 것으로 보이는 점 등을 종합해 보면 신청인은 업무도급의 형식으로 사용종속관계에 있는 하청업체 소속 근로자들을 직접 지휘, 감독하면서 실질적인 영향력을 행사하는 실질적인 사용자로서 단체교섭의 상대방이 된다고 할 것이다(전주지법군산지원, 2006.04.12, 2005카합411).

(4) 사용자 개념의 확장예

① 파견근로자의 경우

이는 근로자 파견계약 등에 근거하여 자기가 고용하고 있는 근로자를 사용기업의 사업장에 보내 그 업무에 종사하게 하는 경우를 말한다. 이 경우 사용기업이 사외근로자의 근로조건에 대하여 현실적, 구체적으로 지배력을 행사하여 왔다면 사용기업주도 파견근로자에 대하여 단체교섭상의 사용자로 인정된다.

② 모회사와 그 지배를 받는 자회사가 있는 경우

이는 모회사가 주식소유, 임원파견, 업무도급관계 등에 의하여 자회사의 경영을 지배하는 경우를 말한다. 이 경우 모회사가 그 종업원의 임금, 인사 등 근로조건에 대하여도 현실적으로 지배력을 행사하여 왔다면 모회사는 종업원에 대하여 사용자인 자회사와 유사한 지위에 있기에 자회사와 함께 교섭상의 사용자로 인정된다고 본다.

③ 원청회사와 하청회사 근로자간의 경우

원청회사가 하청회사의 근로자들에 대한 근로조건에 대해 실질적인 지배력이나 영향력을 행사하고 있다면 원청회사가 하청회사 노동조합의 단체교섭상의 사용자로 인정될 수 있다고 본다.

④ 채권단

회사존립자체가 채권단의 처분에 맡겨진 상황에서 노동조합으로서는 회사와의 교섭은 무의미하고 채권단과의 직접 단체교섭을 하여야 실효성 있는 성과를 거둘 수 있다. 법정관리 등에 들어간 회사의 경우 중요결정이 채권단에 의해 결정되므로 제한적으로 교섭상의 사용자성이 인정되어야 한다고 본다.

2. 담당자

(1) 사용자 또는 사용자단체의 대표자

사용자 또는 사용자단체의 대표자는 단체교섭의 담당자가 된다(제29조 제1항).

(2) 사용자 또는 사용자단체로부터 위임을 받은 자

① 사용자 또는 사용자단체로부터 교섭 또는 단체협약의 체결에 관한 권한을 위임받은 자는 위임받은 범위 안에서 그 권한을 행사할 수 있다(동조 제2항).

② 이 경우 사용자 또는 사용자단체는 위임을 받은 자의 성명과 교섭사항의 권한범위 등에 관한 위임사실을 상대방에게 통보하여야 한다(동조 제3항).

③ 그 사업의 근로자에 관한 사항에 관하여 사업주를 위하여 행동하는 자등 기업 내부의 자는 물론, 외부의 전문가 등 교섭권한의 위임에는 제한이 없다.

Ⅳ. 관련문제

1. 유일교섭단체조항

사용자가 특정의 노동조합을 단체교섭의 상대방으로 인정하고 다른 노동조합과는 단체교섭을 행하지 아니할 것을 약정하는 단체협약조항을 말하며, 이는 소수 노조의 단체교섭권을 침해하므로 무효이다. 단체협약의 유일교섭 단체조항을 이유로 단체교섭을 거부하면 부당노동행위가 성립된다.

2. 제3자 위임금지조항

단체협약으로 교섭권한을 당해 조합의 조합원 이외의 자에게 위임하는 것을 금지규정을 체결한 경우 학설상 논란이 있으나, 일반 제3자에 대한 위임금지는 가능하지만, 연합단체인 노동조합에 대한 위임금지는 무효라고 본다.

3. 노조대표자의 협약체결권 제한(총회인준투표제)

(1) 문제의 소재

현행법에서는 노조대표자에게 협약체결권을 명시적으로 인정하고 있다. 그러나 문제가 되는 것은 이러한 법조항이 규약에 의한 노조대표자의 협약체결권을 제한하는 것까지 부정할 수 있는가에 대해서 견해가 대립되고 있다.

(2) 학 설

① 제한부정설

현행법의 규정을 강행규정으로 보아 동 규정에 위반하여 단체협약체결권을 제한하는 것은 위법한 것이 된다고 한다. 따라서 이 견해에 따르면 규약에 이러한 규정을 둔 때에는 노조법 제21조 제1항에 따라 시정을 명할 수 있다고 본다. 판례의 입장이다.

> **관련판례** 총회인준투표제의 효력
>
> 노동조합의 대표자 또는 수임자가 단체교섭의 결과에 따라 사용자와 단체협약의 내용을 합의한 후 다시 협약안의 가부에 관하여 조합원총회의 의결을 거쳐야 한다는 것은 대표자의 단체협약체결권한을 전면적·포괄적으로 제한함으로써 사실상 단체협약체결권한을 형해화하여 명목에 불과한 것으로 만드는 것이어서 노동조합및노동관계조정법 제29조 제1항의 취지에 위반된다(대법 2002.11.26, 2001다36504).

② 제한긍정설

현행법에서 노조대표자에게 협약체결권이 있다고 명시하고 있다 하더라도, 그것이 노조대표자의 협약체결권을 제한할 수 없는 근거가 될 수 없다는 견해로 다수설의 입장이다.

(3) 검토

법 제29조 제1항이 노조대표자의 협약체결권을 제한하는 것을 금지하는 규정이라 볼 수 없다고 본다. 따라서 노조대표자의 협약체결 전 총회의 인준을 받도록 하는 규약은 유효하다고 본다.

(4) 규약에 위반하여 체결한 단체협약의 효력

이 경우 노조대표자가 조합 내부적으로 규약위반을 이유로 규약에 따른 제재를 받을 수는 있다 하더라도, 사용자와의 관계에 있어서 단체협약의 효력에는 아무런 영향을 미칠 수 없다고 본다.

제3절 단체교섭의 대상

Ⅰ. 서

(1) 법에서는「노동조합의 대표자는 그 노동조합 또는 조합원을 위하여 사용자나 사용자단체와 교섭하고 단체협약을 체결할 권한을 가진다(제29조 제1항).」라고만 규정하여 단체교섭의 대상에 관하여 아무런 언급이 없다.

(2) 교섭대상을 명시하지 않음으로써 이를 탄력적으로 운용할 수도 있지만, 한편으로는 교섭대상을 둘러싸고 불필요한 분쟁을 야기함으로써 원활한 단체교섭을 저해하는 요인이 될 수도 있으므로 이에 대한 기준을 명확히 제시할 필요가 있다고 본다.

(3) 특히, 단체교섭의 대상이 조정대상이자 쟁의행위의 목적이 되며, 거부시 부당노동행위를 구성한다는 점에서 교섭대상을 법에서 명문으로 규정할 필요가 크다고 본다.

Ⅱ. 교섭대상 판단기준

1. 현행법의 태도

노조법 제2조 5호에서 노동쟁의를「임금, 근로시간, 복지, 해고 기타 근로자의 대우 등 근로조건의 결정에 관한 주장의 불일치로 인해 발생한 분쟁상태」로 규정하고 있는 바, 이를 통해 교섭대상을 추론할 수 있을 뿐이며, 단체교섭대상에 대한 명문의 규정을 두고 있지 않고 있다.

2. 교섭대상의 일반적 판단기준

(1) 근로조건 개선성

근로조건을 중심으로 하되, 근로자의 경제적 · 사회적 지위향상을 위한 긴요한 사항은 단체교섭대상으로 될 수 있다는 것이 통설적 견해이다. 근로조건과 무관한 사항은 교섭대상이 될 수 없지만, 근로조건 그 자체는 아니지만, 근로조건과 밀접한 관련을 가지는 사항도 교섭대상이 될 수 있다고 보아야 할 것이다.[17] 비조합원의 근로조건은 교섭대상이 될 수 없음은 물론이다.

(2) 집단성

① 단체교섭의 대상은 근로자전체의 근로조건과 관련된 집단성을 띠어야 한다. 따라서 근로자 개인과 관련된 고충 등은 노사협의회나 고충처리의 대상은 될 수 있어도 단체교섭의 대상은 될 수 없다.

---

17) 임종률, 노동법, p124.

② 개별 근로자 해고반대, 복직요구 등은 원칙적으로 단체교섭대상이 되지 아니한다. 다만 근로자개인의 문제라도 그것이 「조합전체와 직결되는 한」 교섭대상으로 간주된다.

(3) 사용자의 처분가능성

사용자가 처리 또는 처분할 수 있는 사항이어야 한하며, 사용자에게 법률적으로나 사실적으로 처분권한이 없는 사항은 단체교섭대상이 될 수 없다. 따라서 구속자 석방, 정치와 관련되는 사항, 법령개정요구 등은 교섭대상으로 주장할 수 없다.

Ⅲ. 교섭대상 3분론에 따른 분류

1. 의무적 교섭대상(Mandatory Subject)

(1) 단체교섭대상이 근로자 측의 권리로 보장되어 있고 사용자측의 의무로 되어 있는 사항으로 임금 및 근로시간 등의 근로조건에 관한 사항 및 집단적 노사관계에 관한 사항이 해당된다.

(2) 특정근로자의 채용, 이동, 징계 또는 해고에 관한 사항은 고충처리나 노사협의회의 대상이 될 수 있지만 집단적 성격을 가지지 않는 한 교섭대상이 될 수 없다.

(3) 이러한 사항에 대해 사용자측의 교섭거부는 부당노동행위가 성립되며, 단체교섭이 결렬되는 경우에는 쟁의행위를 할 수 있다.

2. 임의적 교섭대상(Permissive Subject)

(1) 단체교섭대상이 사용자측의 의무는 아니지만, 근로자 측의 요구에 대해 단체교섭을 하는 것이 허용되어 있는 사항으로서 노조전임자인정, 쟁의행위기간 중 임금요구 등을 말한다.

관련판례 단체교섭의 대상

노조전임제는 노동조합에 대한 편의제공의 한 형태로서 사용자가 단체협약 등을 통하여 승인하는 경우에 인정되는 것일 뿐 사용자와 근로자 사이의 근로계약관계에 있어서 근로자의 대우에 관하여 정한 근로조건이라고 할 수 없는 것이고, 단순히 임의적 교섭사항에 불과하다(대법 1996. 2. 23, 94누9177).

(2) 이러한 사항에 대한 사용자측의 교섭거부는 부당노동행위가 성립되지 아니하며, 단체교섭이 결렬되는 경우에도 단체행동을 할 수 없다.

(3) 권리분쟁사항은 객관적으로 무엇이 법적으로 옳은 것인가를 판단할 사항으로서 교섭에 의하여 양보할 성질이 아니므로 원칙적으로 교섭대상에 포함되지 아니하나, 임의적 교섭대상은 될 수 있다고 본다.

3. 위법적 교섭대상(Illegal Subject)

(1) 법규위반이나 공서양속에 위반되는 사항으로서 단체교섭하는 것 자체가 위법이며, 합의해도 무효가 되는 교섭대상을 말한다. 예를 들어 남녀 간 임금을 차별하거나, 퇴직금 제도를 폐지하는 것 등을 들 수 있다.

(2) 이러한 사항에 대해서는 당연히 쟁의행위가 인정되지 않고 사용자측의 교섭거부도 부당노동행위가 성립되지 않는다.

Ⅳ. 인사 · 경영사항의 단체교섭 대상성

1. 인사에 관한 사항

(1) 전직, 해고, 징계 등 인사사항은 경영사항과는 달리 그 자체가 근로조건에 속하므로 교섭대상이 된다고 보아야 할 것이다.

(2) 조합원의 배치전환 · 징계 · 해고 등의 인사의 기준이나 절차 등은 집단적 성질을 가지며 근로조건 기타 대우에 관한 사항이므로 의무적 교섭대상이 된다.

(3) 그러나 인사권의 본질적 부분을 침해하거나 개별근로자에 관한 사항은 교섭의 대상이 될 수 없다.[18] 특히 채용은 사용자의 고유권한이다.

2. 경영에 관한 사항

(1) 문제의 소재
① 경영권이란 사용자가 사업의 합병 · 분할, 양도, 축소 · 확대, 경영진의 임면, 업무의 자동화, 사업장의 이전, 업무의 하도급화 등 기업경영에 필요한 기업시설의 관리 · 운영 및 인사 등에 관하여 갖는 권리라고 할 수 있다. 경영권의 기초는 헌법상 직업선택의 자유(제15조)와 재산권보장(제23조) 규정에 의하여 간접적으로 도출할 수 있다.
② 그러나 이러한 경영권에 관한 사항이 단체교섭의 대상이 될 수 있는지의 여부에 관하여 견해가 대립되고 있다.

(2) 학설
① 부정설
경영에 관한 사항은 사용자의 고유한 경영권에 속하고 근로조건은 아니므로 어떠한 경우에도 의무교섭대상이 될 수 없고, 단지 사용자의 자유의사에 따른 임의교섭대상이라고 본다.

---

18) 1995.5.29, 노조 01254-614.

경영계가 취하고 있는 입장이다.

② 긍정설

경영에 관한 사항이라도 근로조건에 영향을 미치지 않거나 관련이 없다 하더라도 사용자의 처분권한 범위에 속하는 것이라면 교섭대상에 모두 포함된다고 본다. 노동계가 취하고 있는 입장이다.

③ 제한적 긍정설

경영에 관한 사항이라도 근로조건 기타 근로자의 경제적 지위의 향상에 관계되는 한 널리 단체교섭의 대상이 된다고 한다.[19] 다수설의 입장이다.

④ 제한적 부정설(결정·영향 구분설)

경영에 관한 결정 그 자체는 의무교섭대상이 될 수 없으나, 경영권의 행사로 인하여 영향을 받거나, 이와 밀접한 관련을 갖고 있는 근로조건은 의무교섭대상이 될 수 있다는 견해이다. 예를 들어 사업부 폐지 결정 자체는 교섭대상이 될 수 없으나, 사업부폐지로 인해 발생하는 해고나 전보 등 근로조건과 관련한 사항은 교섭대상이 된다는 것이다. 판례가 취하고 있는 입장이다.

관련판례 단체교섭의 대상(경영권)

기업의 구조조정의 실시 여부는 경영주체에 의한 고도의 경영상 결단에 속하는 사항으로서 이는 원칙적으로 단체교섭의 대상이 될 수 없고, 그것이 긴박한 경영상의 필요나 합리적인 이유 없이 불순한 의도로 추진되는 등의 특별한 사정이 없는 한 노동조합이 그 실시를 반대하기 위하여 벌이는 쟁의행위에는 목적의 정당성을 인정할 수 없다(대법 2003.7.22, 2002도7225).

회사가 그 산하 시설관리 사업부를 폐지시키기로 결정한 것은 적자가 누적되고 시설관리계약이 감소할 뿐 아니라 계열사와의 재계약조차 인건비 상승으로 인한 경쟁력 약화로 불가능해짐에 따라 불가피하게 취해진 조치로서 이는 경영주체의 경영의사 결정에 의한 경영조직의 변경에 해당하여 그 폐지 결정 자체는 단체교섭사항이 될 수 없다. 노동조합이 시설관리사업부 폐지 자체의 백지화만을 고집하면서 그 폐지에 따를 근로자의 배치전환 등 근로조건의 변경에 관하여 교섭하자는 회사의 요청을 전적으로 거부하고 폐지 백지화 주장을 관철시킬 목적으로 쟁의행위에 나아갔다면 그 쟁의행위는 그 목적에 있어 정당하지 아니하다(대법 1994.3.25, 93다30242).

(3) 검토

헌법 제23조 제1항에 의해서 보장된 재산권이라 할지라도 근로자의 창의적 노동력과 자본 및 시설이 유기적 결합에 의해 설립·운영되기에 인사·경영권에 관한 사항일지라도 근로자의 근로조건 향상과 관련되는 한 단체교섭의 대상이 될 수 있다고 보는 제한긍정설의 입장이 타당하다고 본다.

---

19) 김유성, 노동법Ⅱ, p144; 김치선, 노동법강의, 340; 김형배, 노동법, pp743-745; 박홍규, 노동법2, p246; 심태식, , 노동법개론, p218; 이병태, 최신노동법, p240; 임종률, 노동법, p129

Chapter 5

단체협약

제1절 단체협약 서설

Ⅰ. 단체협약의 성립

1. 당사자

① 단체협약이란 노동조합과 사용자 또는 사용자단체가 자유의사로 개별적 근로관계와 집단적 노사관계에 적용할 사항에 관하여 합의한 문서를 말한다. 단체협약을 체결할 수 있는 법률상의 능력을 협약체결능력이라 하고, 이러한 능력을 가진 자를 단체협약의 당사자라 한다.

② 근로자 측에는 노동조합이, 사용자 측에는 사용자와 사용자단체가 단체협약의 당사자가 된다(제29조 제1항).

2. 방식

(1) 서면작성 및 서명 또는 날인

단체협약은 반드시 서면으로 작성하여 당사자 쌍방이 서명 또는 날인 하여야 한다(제31조 제1항). 구법에서는 서명과 날인을 모두 요구하였으나, 2006. 12. 30. 개정법에서는 서명 또는 날인 중 하나만으로도 단체협약이 유효하게 성립한다고 하고 있다. 한편, 법 개정 이전 판례도 단체협약의 진정성과 명확성이 담보된다면 기명날인이나 서명무인 모두 유효한 것으로 판시한 바 있다.

> **관련판례** 단체협약의 성립요건
>
> 단체협약을 문서화하고 당사자 쌍방의 서명날인을 하도록 규정한 노동조합및노동관계조정법 제31조 제1항의 취지는 단체협약이 규율대상으로 하고 있는 노사관계가 집단적·계속적이라는 점을 고려하여 체결당사자를 명백히 함과 동시에 당사자의 최종적인 의사를 확인함으로써 단체협약의 진정성과 명확성을 담보하려는 데 있다고 할 것이므로 단체협약의 진정성과 명확성이 담보된다면 단체협약의 당사자 쌍방이 서명날인을 하지 아니하고 기명날인 또는 서명무인을 하였다고 하더라도 그 단체협약이 위 강행법규에 위반하여 무효라고 할 수는 없다(대법 2002.8.27, 2001다79457, 대법 1995.3.10, 94마605).

(2) 신 고

단체협약의 당사자는 단체협약체결일부터 15일 이내에 이를 행정관청에 신고하여야 한다(제31조 제2항). 이 신고는 당사자 쌍방이 연명으로 하여야 한다(영 제15조).

(3) 효력발생시기

단체협약의 효력은 다른 정함이 없으면 당사자 쌍방의 서명날인으로 그 효력이 발생하며 행정관청의 신고가 효력발생요건은 아니다.

(4) 방식에 결함이 있는 단체협약

법 제31조의 요건은 효력발생요건으로서 이에 결함이 있는 경우 단체협약은 아무런 효력이 없다는 것이 다수설·판례의 입장이다.

(5) 내용 중에 위법한 내용이 있는 단체협약

행정관청은 단체협약 중 위법한 내용이 있는 경우에는 노동위원회의 의결을 얻어 그 시정을 명할 수 있다(제31조 제3항).

II. 단체협약의 해석

1. 의의

단체협약의 해석·적용과 관련한 분쟁은 권리분쟁에 해당하며, 이는 법원을 통해 해결하는 것이 원칙이다. 그러나 이를 사법적 심사에만 의존하게 하는 것은 많은 시간과 비용이 소요된다는 문제가 있다. 따라서 노동위원회의 판단을 통해 분쟁의 신속한 해결을 도모하기 위하여 1996.12.30. 개정법에서 단체협약 해석 규정을 신설하였다.
- 이익분쟁 : 근로조건의 기준에 관한 권리의 형성·유지·변경 등을 둘러싼 분쟁(임단협 갱신체결 관련 분쟁 등)
- 권리분쟁 : 법령·단체협약·취업규칙 등에 의하여 이미 확정된 권리에 관한 노사간의 해석·적 용·이행 등을 둘러싼 분쟁(단체협약 해석·이행 관련 분쟁 등)

2. 법 규정 내용

(1) 단체협약의 해석

> (1) 단체협약의 해석 또는 이행방법에 관하여 관계 당사자간에 의견의 불일치가 있는 때에는 당사자 쌍방 또는 단체협약에 정하는 바에 의하여 어느 일방이 노동위원회에 그 해석 또는 이행방법에 관한 견해의 제시를 요청할 수 있다(제34조 제1항).
> (2) 노동위원회는 위의 요청을 받은 때에는 그 날부터 30일이내에 명확한 견해를 제시하여야 한다(동조 제2항).
> (3) 요청을 받은 노동위원회가 제시한 해석 또는 이행방법에 관한 견해는 중재재정과 동일한 효력을 가진다(동조 제3항).

(2) 수락된 조정안의 해석

> (1) 조정안이 관계 당사자의 쌍방에 의하여 수락된 후 그 해석 또는 이행방법에 관하여 관계 당사자간에 의견의 불일치가 있는 때에는 관계 당사자는 당해 조정위원회 또는 단독조정인에게 그 해석 또는 이행방법에 관한 명확한 견해의 제시를 요청하여야 한다(제60조 제3항).

(2) 조정위원회 또는 단독조정인은 제3항의 규정에 의한 요청을 받은 때에는 그 요청을 받은 날부터 7일 이내에 명확한 견해를 제시하여야 한다(제60조 제4항).

(3) 조정위원회 또는 단독조정인이 제시한 해석 또는 이행방법에 관한 견해는 중재재정과 동일한 효력을 가진다(제61조 제3항).

(3) 중재재정의 해석

중재재정의 해석 또는 이행방법에 관하여 관계 당사자간에 의견의 불일치가 있는 때에는 당해 중재위원회의 해석에 따르며 그 해석은 중재재정과 동일한 효력을 가진다(제68조 제2항).

3. 단체협약 해석의 효력 및 분쟁처리

(1) 노동위원회가 제시한 해석 또는 이행방법에 관한 견해는 중재재정과 동일한 효력을 가지므로 위법·월권이 아닌 한 효력이 확정된다.

(2) 관계당사자는 중재재정이 위법이거나 월권에 의한 것이라고 인정하는 경우에는 그 중재재정서의 송달을 받은 날부터 10일 이내에 중앙노동위원회에 그 재심을 신청할 수 있다(제69조 제1항).

(3) 관계 당사자는 중앙노동위원회의 재심결정이 위법이거나 월권에 의한 것이라고 인정하는 경우에는 행정소송법 제20조의 규정에 불구하고 그 재심결정서의 송달을 받은 날부터 15일 이내에 행정소송을 제기할 수 있다(제69조 제2항).

관련판례 단체협약의 해석

1. 처분문서는 특별한 사정이 없는 한 그 기재 내용에 의하여 그 문서에 표시된 의사표시의 존재 및 내용을 인정하여야 하고, 한편 단체협약은 근로자의 근로조건을 유지 개선하고 복지를 증진하여 그 경제적 사회적 지위를 향상시킬 목적으로 노동자의 자주적 단체인 노동조합이 사용자와 사이에 근로조건에 관하여 단체교섭을 통하여 이루어지는 것이므로 그 명문의 규정을 근로자에게 불리하게 변형 해석할 수는 없다.

2. 근로기준법은 근로조건의 최저기준을 정하고 있는 것에 불과하므로 계약자유의 원칙상 근로계약 당사자는 근로기준법이 정한 기준을 초과하는 시간외근로수당(이른바 법내 초과근로수당)의 지급에 관하여 약정할 수 있는 것이고 그러한 약정을 한 이상 사용자는 그 약정에 따라야 할 의무가 있다.

3. 노동조합 및 노동관계조정법 제34조 제3항은 단체협약의 해석 또는 이행방법에 관하여 단체협약 당사자의 견해 제시의 요청에 응하여 노동위원회가 제시한 견해는 중재재정과 동일한 효력을 가진다고 정하고 있으므로, 단체협약의 해석 또는 이행방법에 관한 노동위원회의 제시 견해의 효력을 다투고자 할 때에는 노동위원회가 행한 중재재정의 효력을 다투는 절차를 정한 위 법 제69조에 의하여야 할 것이고, 노동위원회가 단체협약의 의미를 오해하여 그 해석 또는 이행방법에 관하여 잘못된 견해를 제시하였다면 이는 법률행위인 단체협약의 해석에 관한 법리를 오해한 위법을 범한 것으로 위 법 제69조에서 정한 불복사유인 위법 사유가 있는 경우에 해당된다(대법 2005. 09.09, 2003두896).

제2절 단체협약의 내용

Ⅰ. 서설

(1) 단체협약의 내용에 관하여는 명확한 규정이 없기에 협약내용을 유형적으로 분류하는데 있어서는 견해가 일치하지 않지만, 협약사항의 법적 성질과 그 효력을 중심으로 규범적 부분, 채무적 부분, 조직적 부분으로 분류하는 것이 일반적이다.

(2) 단체협약의 규범적 효력을 최초로 입법한 법전인 독일의 단체협약법(1918년)에서 강행적이고 직접적 효력을 부여하였다. 이하에서는 단체협약의 규범적 부분과 그 효력, 채무적 부분과 그 효력, 조직적 부분과 그 효력을 살펴보도록 한다.

Ⅱ. 규범적 부분과 그 효력

1. 규범적 부분

(1) 의의

① 단체협약 가운데 근로조건 기타 근로자의 대우에 관한 기준에 관하여 정한 사항을 규범적 부분이라 한다.

② 이는 단체협약의 핵심적 기능을 실현하는 본질적 부분이므로 이 부분이 없는 협약은 단체협약이라고 할 수 없으며, 이 규범적 부분에 위반되는 근로계약의 내용은 원칙적으로 무효이다.

③ 규범적 부분은 단체협약의 당사자인 사용자와 노동조합뿐만 아니라 조합원까지 구속한다.

(2) 규범적 부분의 구체적인 예

> ① 임금의 액·종류·지불방법, 지급시기
> ② 근로시간, 휴식, 휴일, 휴가, 퇴직금, 후생복리에 관한 사항
> ③ 안전, 보건, 재해보상의 종류와 산정방법
> ④ 승진, 이동, 해고, 상벌, 복무규율 등

2. 규범적 효력

(1) 강행적 효력

① 법 규정

> 단체협약에 정한 근로조건 기타 근로자의 대우에 관한 기준에 위반하는 취업규칙 또는 근로계약의 부분은 무효로 한다(제33조 제1항).

② 강행적 효력이 미치는 구체적인 경우

　　㉠ 기존의 취업규칙 또는 근로계약이 협약에 위반될 때

　　㉡ 협약에 위반하는 취업규칙 또는 근로계약이 새로 성립될 때

　　㉢ 기존의 취업규칙 또는 근로계약을 협약에 위반하여 변경한 때

　　㉣ 탈법행위에 의하여 단체협약의 강행적 효력을 회피하는 약정을 한 때

③ 일부무효의 법리 적용여부

단체협약의 강행적 효력에 의하여 근로계약의 일부가 무효로 되었다고 하여 계약당사자는 근로계약 전부를 무효로 할 수는 없다. 따라서 "법률행위의 일부분이 무효인 때에는 그 전부를 무효로 한다."는 민법 제137조 규정은 적용되지 않는다.

(2) 직접적 효력

① 법 규정

> 취업규칙 또는 근로계약의 내용 중 단체협약의 강행적 효력에 의하여 무효가 된 부분은 단체협약에 정한 기준에 의하고, 취업규칙 또는 근로계약에 규정되어 있지 않은 사항에 대하여도 단체협약의 기준에 의한다 (제33조 제2항).

② 내 용

이와 같이 취업규칙 또는 근로계약의 내용 중 단체협약의 강행적 효력에 의하여 무효가 된 부분은 단체협약에 정한 기준에 의해 보충되는 효력을 직접적 효력이라고 하며, 대체적 또는 보충적 효력이라고도 한다. 이는 협약의 구속을 받는 근로자들의 이에 대한 개별적 합의나 동의 또는 인식을 전제하지 않는다.

(3) 자동적 효력

① 단체협약의 조항이 강행적 또는 직접적인 방법에 의하여 근로계약의 내용이 되는 것을 말하며, 화체설 또는 내부규율설이라고도 한다.

② 자동적 효력을 인정할 경우 단체협약이 실효된 후에도 규범적 부분이 그대로 근로계약의 내용으로 존속하게 되어 근로자들의 기존 근로조건 보호가 가능하게 된다. 이러한 자동적 효력을 부인하는 견해도 있다.

3. 규범적 효력의 한계

(1) 유리한 조건 우선의 원칙

① 의 의

근로계약이 단체협약 내의 기준보다 유리한 근로조건을 규정하고 있을 때에는 단체협약은 강행적 효력을 갖지 않고 유리한 조건이 그대로 적용된다는 원칙이다.

② 학설의 대립

근로계약 등이 단체협약에서 정한 기준보다 유리할 경우에 있어서는 어떻게 될 것인가에 대해서는 단체협약을 근로자를 보호하기 위하여 근로조건의 최저기준을 정한 것으로 보아야 하고 또한 부정할 경우 근로자의 계약자유의 원칙에 위배되므로 근로계약의 내용이 적용된다는 유리원칙 적용긍정설(최저기준설, 편면적용설)과, 우리나라 노조의 형태가 기업별형태인 점을 감안하면 단체협약은 표준적 기준이라고 보여 지고 이를 긍정할 경우 노조세력이 약화될 가능성이 있으므로 근로계약의 내용은 단체협약의 기준에 따라야 한다는 유리원칙 적용부정설(절대기준설, 양면적용설)이 대립한다.

③ 검토

유리조건 우선의 원칙을 인정할 경우 사용자가 비조합원들의 근로조건을 우대함으로써 조합세력의 약화를 초래할 가능성이 있으므로 유리조건 우선의 원칙을 부정하는 것이 타당하다고 보여 진다.

(2) 단체협약 불이익변경

新단체협약이 舊단체협약을 대치할 경우에는 유리한 조건우선의 원칙은 적용되지 않는다. 즉, 설령 신단체협약이 구단체협약보다 불리한 규정을 가지고 있더라도 新단체협약이 그대로 적용된다. 이는「新法은 舊法에 優先한다」는 법의 일반원칙에 근거한다.

일부에서는 노동조합의 목적이 근로조건의 유지, 개선에 있기 때문에 근로조건을 저해하는 단체협약은 이에 반하는 것으로서 허용되지 않는다고 하는 견해가 있으나, 근로조건의 유지·개선은 장기적인 차원에서 파악하여야 할 필요가 있으므로 일시적으로 불리한 내용에 대해서도 합의할 수 있다고 보아야 할 것이다.

판례도 협약자치의 원칙상 단체협약의 불이익 변경이 가능하다는 입장을 보이고 있다.

관련판례 단체협약의 불이익변경

협약자치의 원칙상 노동조합은 사용자와 사이에 근로조건을 유리하게 변경하는 내용의 단체협약뿐만 아니라 근로조건을 불리하게 변경하는 내용의 단체협약을 체결할 수 있으므로, 근로조건을 불리하게 변경하는 내용의 단체협약이 현저히 합리성을 결하여 노동조합의 목적을 벗어난 것으로 볼 수 있는 경우와 같은 특별한 사정이 없는 한 그러한 노사간의 합의를 무효라고 볼 수는 없고, 노동조합으로서는 그러한 합의를 위하여 사전에 근로자들로부터 개별적인 동의나 수권을 받을 필요가 없으나, 이미 구체적으로 그 지급청구권이 발생한 임금(상여금 포함)은 근로자의 사적 재산영역으로 옮겨져 근로자의 처분에 맡겨진 것이기 때문에, 노동조합이 근로자들로부터 개별적인 동의나 수권을 받지 않는 이상, 사용자와 사이의 단체협약만으로 이에 대한 포기나 지급유예와 같은 처분행위를 할 수 없다(대법 2002.4.12, 2001다41384).

4. 규범적 부분 위반 시 효력

(1) 사용자가 단체협약의 규범적 부분을 위반할 경우에는 개별조합원은 사용자를 상대방으로 직접
그 이행을 직접 소구할 수 있다.

(2) 노동조합은 개별조합원에 갈음하여 협약 상 의무이행을 청구할 수 없음이 원칙이나, 다만 노동
조합도 협약당사자로서 단체협약위반금지가처분을 신청하거나 협약준수의무위반을 이유로 한
손해배상을 청구할 수 있을 것이다.

(3) 구법에서는 "단체협약에 위반한 자는 1천만원이하의 벌금에 처한다"고 규정하고 있었으나 죄형
법정주의에 위반된다는 1998.3.26.자 헌법재판소의 결정[20]으로 인해 단체협약의 내용 중 임금 ·
복리후생비, 퇴직금에 관한 사항, 근로 · 휴게시간 등을 위반한 자는 1천만 원 이하의 벌금에 처
하도록 법을 개정하였다(제92조 제1호).

> **관련 헌재결정례** 단체협약 위반시 처벌규정의 효력
>
> 구 노동조합법(1986. 12. 31. 법률 제3925호로 최종 개정되었다가 1996. 12. 31. 법률 제5244호로 공포된 노
> 동조합및노동관계조정법의 시행으로 폐지된 것) 제46조의3은 그 구성요건을 "단체협약에……위반한 자"라고
> 만 규정함으로써 범죄구성요건의 외피(外皮)만 설정하였을 뿐 구성요건의 실질적 내용을 직접 규정하지 아니
> 하고 모두 단체협약에 위임하고 있어 죄형법정주의의 기본적 요청인 "법률"주의에 위배되고, 그 구성요건도 지
> 나치게 애매하고 광범위하여 죄형법정주의의 명확성의 원칙에 위배된다(헌법재판소 전원재판부1998. 3. 26,
> 헌가20).

Ⅲ. 채무적 부분과 그 효력

1. 채무적 부분

(1) 의의
① 채무적 부분에 대하여 노조법상 아무런 규정이 없어 구체적으로 어떤 조항들이 채무적 부분
에 속하느냐에 하는 것은 명백하지 않지만, 원칙적으로 집단적 노사관계 하에서 단체협약 당
사자인 노동조합과 사용자(또는 사용자단체)의 권리 · 의무에 관한 단체협약의 내용이 채무적
부분에 해당된다.
② 채무적 부분은 조합원들의 근로조건이나 근로자 대우에 관한 사항인 규범적 부분처럼 개별
조합원에 대하여는 직접 효력이 미치지 아니하고, 협약당사자인 노동조합과 사용자간에만 적
용된다.

---

20) 헌재 1998.3.26, 96헌가20.

(2) 구체적인 예

> Shop조항, 평화조항, 유일교섭단체조항, 단체교섭위임 금지조항, 조합활동조항(노조전임자 수, 조합사무실 기타 시설제공 등), 단체교섭절차 · 인원 등에 관한 조항, 시설이용에 관한 조항, 조합비 일괄공제조항, 쟁의행위에 관한 조항 등

2. 채무적 효력

(1) 의의
① 단체협약이 노동조합과 사용자간에 합의하여 체결한 계약과 같은 것이므로 그 당사자는 상대방에게 협약에서 정한 사항을 이행하여야 할 의무를 지는 바, 이러한 의무를 발생하게 하는 효력을 채무적 효력이라 한다.
② 채무적 효력은 노동관계법상의 단체협약의 효력이라기보다 계약법상의 효력이라 할 수 있다.

(2) 협약준수의무
① 협약당사자는 규범적 부분과는 달리 상대방에 대하여 계약법적 효력을 바탕으로 협약내용을 성실히 이행해야 할 의무를 부담한다.
② 이러한 의무를 위반한 경우 협약준수의무 위반을 이유로 손해배상을 청구할 수 있다.

3. 채무적 부분 위반 시 효력

협약당사자가 채무적 부분의 이행을 위반한 경우 시설편의제공 및 근무시간 중 회의참석에 관한 사항, 쟁의행위에 관한 사항 등 노조법 제92조의 적용을 받는 사항이 아닌 한 형사책임은 부담하지 않는다 하더라도, 채무불이행으로 인한 손해배상책임 등을 면할 수 없다.

4. 평화의무

평화의무란 단체협약 당사자가 협약의 유효기간 중에는 노사 간에 이미 합의된 사항에 관해서 이의 개정 또는 폐지를 목적으로 쟁의행위를 하여서는 아니 될 의무를 말한다. 단체협약이 새로 체결된 후 뚜렷한 무효사유를 제시하지 않은 채 단체협약의 전면무효화를 주장하면서 행한 쟁의행위는 평화의무위반으로 정당성이 상실된다.[21]

그러나 단체협약의 유효기간 중에는 어떠한 경우에도 쟁의행위를 하여서는 아니 되는 의무, 즉 절대적 평화의무는 헌법상 보장된 단체교섭권 및 단체행동권의 본질적 내용을 침해하는 것이므로 이를 단체협약에 규정하여도 무효이다.[22]

---

21) 대판 1994.9.30, 94다4042.

22) 이병태, 최신노동법, p279; 이상윤, 노동법, p675.

　　따라서 평화의무는 상대적 평화의무를 의미한 것이다. 평화의무는 단체협약에 규정되지 아니한 사항이나 단체협약의 해석을 둘러싼 쟁의행위 또는 차기 협약 체결을 위한 단체교섭을 둘러싼 쟁의행위에 대해서까지 그 효력이 미치는 것은 아니므로 단체협약의 유효기간 중에도 노동조합은 차기의 협약체결을 위하거나 기존의 단체협약에 규정되지 아니한 사항에 관하여 사용자에게 단체교섭을 요구할 수 있으며, 교섭결렬시 쟁의행위가 허용된다.

제3절 단체협약의 효력확장 / 단체협약의 종료

Ⅰ. 단체협약의 효력확장

1. 서설

(1) 단체협약은 원칙적으로 협약당사자에게만 효력이 있으며 특히 근로조건 기타 근로자의 대우에 관한 사항인 「규범적 부분」의 효력은 노동조합의 구성원인 조합원에게만 미치고 비조합원에게는 미치지 아니한다.

(2) 그러나 동종의 사업 또는 사업장과 하나의 지역 내의 소수, 미숙련 근로자의 근로조건의 보호와 근로조건의 평준화를 통한 사용자의 불필요한 경쟁을 방지하기 위해서는 단체협약의 효력을 확장할 필요가 있다.

(3) 이에 현행법에서는 단체협약이 일정한 요건을 갖춘 경우 협약의 규범적 부분에 한해 협약체결 당사자의 구성원이 아닌 제3자에게까지 그 적용이 확장될 수 있도록 하는 사업장단위의 일반적 구속력과 지역단위의 일반적 구속력을 규정하고 있다.

2. 사업장단위의 일반적 구속력

(1) 의의

하나의 사업 또는 사업장에 상시 사용되는 동종의 근로자 반수이상이 하나의 단체협약의 적용을 받게 된 때에는 당해 사업 또는 사업장에 사용되는 다른 동종의 근로자에게도 당해 단체협약이 적용된다(제35조).

동일 사업장 내에서 조합원과 비조합원 간의 균등처우를 실현하고 근로조건상의 형평성을 도모하며 더 나아가 비조직, 소수 근로자의 보호 등 전체 근로자의 근로조건 개선을 꾀하려는 데 그 취지가 있다.

(2) 성질

사업장 단위의 일반적 구속력은 요건을 충족할 경우 자동적으로 적용되며, 강행규정이므로 이를 위반한 것은 당연 무효이다.

(3) 요건

① 하나의 사업 또는 사업장을 단위로 한다.

하나의 사업 또는 사업장을 단위로 한다. 하나의 단체협약의 적용을 받는 근로자가 반 수 이상인지의 여부를 판단하는 근거가 된다.

② 상시 사용되는 근로자를 기준으로 한다.

상시 사용이란 사실상 계속적으로 고용되고 있다는 의미로 임시고용도 포함된다. 일용직, 임시직, 파트타이머 등의 경우 상시사용의 의미에서 문제가 되는 데 계약의 형식에 불구하고 실질적으로 판단하여야 하므로 단기계약의 반복갱신으로 상시 사용되고 있는 자도 포함된다.

③ 동종의 근로자를 기준으로 한다.

판례에 의하면, "동종의 근로자"라 함은 당해 단체협약의 규정에 의하여 그 협약의 적용이 예상되는 자를 의미하므로 단체협약에서 조합원자격을 배제한 근로자는 동종의 근로자에 해당되지 아니하며, 따라서 단체협약의 효력확장을 적용받을 수 없다고 본다.

관련판례 단체협약 효력확장의 대상범위

노동조합및노동관계조정법 제35조의 규정에 따라 단체협약의 일반적 구속력으로서 그 적용을 받게 되는 '동종의 근로자'라 함은 당해 단체협약의 규정에 의하여 그 협약의 적용이 예상되는 자를 가리키며, 단체협약의 규정에 의하여 조합원의 자격이 없는 자는 단체협약의 적용이 예상된다고 할 수 없어 단체협약의 적용을 받지 아니한다(대법 2004.1.29, 2001다5142).

④ 근로자 반수이상이 하나의 단체협약의 적용을 받아야 한다.

근로자 반수 이상을 충족하지 못한 경우에는 비조합원에게 적용할 수 없다.

(4) 효과

① 확장 적용되는 부분

원칙적으로 단체협약의 규범적 부분만 확장적용된다. 따라서 비조합원도 법 제35조에 기초하여 단체협약에서 정한 규범적 부분에 대하여 청구권을 취득한다.

② 소수조합에 대한 확장적용문제

소수 근로자가 다른 노동조합을 결성한 경우에는 그 조합의 단체협약이 없는 경우는 적용되지만 별개의 단체협약이 있는 경우에는 확장 적용되지 아니한다.[23]

③ 효력확장의 소멸

비조합원의 신규채용, 조합원의 탈퇴 등으로 「반수 이상」이라는 요건이 결여되면 일반적 구속력은 당연히 종료한다.

---

23) 대판 1993.12.21, 92도2247.

3. 지역단위의 일반적 구속력

(1) 법규정

> 하나의 지역에 있어서 종업하는 동종의 근로자 3분의 2 이상이 하나의 단체협약의 적용을 받게 된 때에는 행정관청은 당해 단체협약의 당사자의 쌍방 또는 일방의 신청에 의하거나 그 직권으로 노동위원회의 의결을 얻어 당해 지역에서 종업하는 다른 동종의 근로자와 그 사용자에 대하여도 당해 단체협약을 적용한다는 결정을 할 수 있다(제36조).

(2) 인정취지

미조직 소수근로자 보호에 적합하고, 단체협약의 실효성 및 노동조합의 조직력 확보에 기여한다. 또한 근로자 간의 형평성을 도모하고 사용자 간의 불공정 경쟁을 방지하며, 당해 지역에서의 최저근로조건 기준을 설정하고 동일지역의 동일노동, 동일임금을 실현하고자 인정된 것이다.

(3) 요건

단체협약이 확장 적용되기 위해서는 실질적 요건 및 절차적 요건을 충족하여야 한다.

① 실질적 요건

(가) 하나의 지역에 있어서 종업하는 「동종의 근로자 3분의 2 이상」 이 하나의 단체협약의 적용을 받게 됨을 요한다.

(나) 여기에서 「하나의 지역」 이라 함은 단체협약의 당사자와 관련이 있는 동일한 경제적 지역, 즉 동일한 노동시장을 형성하고 있는 지역을 말한다.

(다) 동종 근로자는 사업장단위 일반적구속력에서의 개념과 같다.

② 절차적 요건

(가) 사업장단위의 일반적 구속력은 별도의 행정적인 절차가 없이 자동적으로 적용되지만, 지역단위의 일반적 구속력은 실질적 요건을 갖춘 때에 다음과 같은 행정적인 절차를 거쳐 효력이 확장 적용된다.

(나) 즉, ① 행정관청이 당해 단체협약의 당사자의 쌍방 또는 일방의 신청에 의하거나 그 직권으로, ② 노동위원회의 의결을 얻어, ③ 당해 단체협약의 확장적용을 결정함으로써 일반적 구속력이 발생한다.

(다) 이러한 절차를 지역적 구속력의 선언이라 하며, 그 선언은 공고로써 하고 지체 없이 공고함으로써 효력이 발생한다(동조 제2항).

(4) 효과

① 확장 적용되는 부분

단체협약은 당해 지역에서 종업하는 다른 동종의 근로자와 그 사용자에게도 확장적용 된다.[24] 근로자뿐만 아니라 사용자도 구속되는 점이 사업장단위의 일반적 구속력과 다르다. 규

---

24) 지역적 구속력 결정을 위반한 자에 대하여 벌칙규정이 적용된다. '98년 3월 헌법재판소에서 단체협약 위반자에 대한 처벌규정

범적 부분에 한하여 적용된다.

② 소수조합에 대한 확장적용문제

다수 조합이 체결한 단체협약의 효력은 소수 조합의 기득권을 침해하는 것이 아닌 한 소수조합의 조합원에게도 미친다. 그러나 소수 근로자가 다른 노동조합의 단체협약을 적용받고 있는 경우에는 확장적 효력이 미치지 않는다.[25]

Ⅱ. 단체협약의 종료

1. 단체협약의 유효기간 및 만료

(1) 유효기간

> (가) 단체협약에는 2년을 초과하는 유효기간을 정할 수 없다(제32조 제1항).
> (나) 단체협약에 유효기간을 정하지 아니한 경우 또는 위의 기준을 초과하는 유효기간을 정한 경우에는 그 유효기간은 2년으로 한다(동조 제2항).

유효기간은 노사자치에 맡기는 것이 원칙이나 법이 그 유효기간을 2년으로 제한한 취지는 유효기간이 지나치게 길면 변동하는 경제적, 사회적 환경에 적응하지 못하여 당사자를 부당하게 구속하는 결과를 초래할 수 있기 때문이다.

(2) 자동갱신협정

(가) 자동갱신협정이란 단체협약에 그 유효기간의 만료 전 일정기일까지 당사자의 어느 쪽도 개폐를 요구하지 않는 경우 종래의 단체협약이 다시 동일기간 동안 효력을 지속한다는 뜻을 정한 합의를 말한다.

(나) 예컨대, 「이 협정의 기간만료 30일 전까지 당사자의 일방이 협약개정의 의사표시를 하지 아니한 때에는 이 협약은 기간만료일부터 다시 1년간 유효한 것으로 본다」는 규정을 두는 경우이다.

(다) 통설·판례는 갱신을 실질적으로 구협약의 유효기간의 만료와 함께 기존 협약의 연장이 아니라 동일내용의 새로운 협약이 체결된 것으로 보아 유효하다고 한다.

(3) 자동연장협정

(가) 자동연장협정이란 단체협약의 유효기간 만료 시 단체협약의 공백상태를 방지하기 위하여 새로운 단체협약이 성립될 때까지 또는 일정기간 동안 구협약의 유효기간을 연장한다고 하는

이 위헌이라는 판결로 결정한 바 있다. 판결 당시 지역적 구속력 위반자에 대한처벌조항을 대상으로 삼지 않았다는 점과 관련한 위헌판정에 대해 이후 문제가 발생할 수 있을 것으로 판단된다.

25) 해당지역내의 동종의 근로자가 노동조합을 결성하고 있더라도 지역단위의 일반적 구속력은 인정된다. 그러나 다른 노동조합이 이미 다른 단체협약을 체결하고 있을 때에는 이를 인정할 수가 없다(대판 1993.12.21, 92도2247).

규정(제32조 제3항 단서)을 말한다.

> 단체협약에 그 유효기간이 경과한 후에도 새로운 단체협약이 체결되지 아니한 때에는 새로운 단체협약이 체결될 때까지 종전 단체협약의 효력을 존속시킨다는 취지의 별도의 약정이 있는 경우에는 그에 따르되, 당사자일방은 해지하고자 하는 날의 6월 전까지 상대방에게 통고함으로써 종전의 단체협약을 해지할 수 있다(제32조 제3항 단서).

(나) 예컨대, 「이 협약은 새로운 단체협약이 성립할 때까지 유효하다」는 규정을 두는 경우이다.

(다) 자동연장협정은 그것이 협약기간을 연장하기 위한 탈법행위로 이용되지 않는 한 최장유효기간을 정한 법 제32조에 위반되지 않는다(통설·판례).

(4) 3개월의 자동연장

> 단체협약의 유효기간이 만료되는 때를 전후하여 당사자 쌍방이 새로운 단체협약을 체결하고자 단체교섭을 계속하였음에도 불구하고 새로운 단체협약이 체결되지 아니한 경우에는 별도의 약정이 있는 경우를 제외하고는 종전의 단체협약은 그 효력만료일부터 3월까지 계속 효력을 갖는다(제32조 제3항 본문). 다만, 단체협약에 그 유효기간이 경과한 후에도 새로운 단체협약이 체결되지 아니한 때에는 새로운 단체협약이 체결될 때 까지 종전 단체협약의 효력을 존속시킨다는 취지의 별도의 약정이 있는 경우에는 그에 따르되, 당사자일방은 해지하고자 하는 날의 6월의 전까지 상대방에게 통고함으로써 종전의 단체협약을 해지할 수 있다. (동항 단서)

단체협약의 유효기간이 만료된 뒤에도 새로운 단체협약을 체결하지 못한 경우 단체협약의 공백 상태를 방지하기 위한 조치이다. 물론 노사 당사자사이에 자동연장협정이 있는 경우에는 이에 따르고 본 규정은 적용되지 않는다.

2. 단체협약 종료 후의 근로관계(여후효)

(1) 의의

① 단체협약이 그 종료사유의 발생으로 효력을 상실하는데, 이 때 단체협약에 의하여 규율되었던 근로조건 기타 근로자의 대우에 관한 근로관계의 내용은 어떻게 처리되어야 할 것인가 하는 것이 단체협약의 여후효의 문제이다.

② 이 경우 문제가 되는 부분은 단체협약의 규범적 부분에 국한되며 채무적 부분은 그 효력이 당연히 종료된다. 따라서 협약의 실효 후에는 평화의무가 없으므로 협약당사자들은 쟁의행위를 할 수 있다.

(2) 학설

단체협약의 여후효론은 단체협약의 규범적 효력, 즉 법 제33조를 둘러싸고 견해가 대립되어 있다.

① 여후효 부정설

협약의 소멸은 반대의 의사가 없는 한 단체적 의사의 소멸을 의미하기 때문에 협약의 여후효를 인정할 수 없다는 견해이다. 따라서 협약의 실효 후에는 근기법·취업규칙·근로계약 등이 새롭게 근로관계를 규제한다고 한다.

② 여후효 긍정설

협약종료 후에 있어서도 협약 그 자체의 법규범적 효력의 존속을 인정하여야 한다고 한다. 따라서 협약이 종료하더라도 협약의 기준에 의하여 체결된 개개의 근로계약 등은 그대로 효력을 가지며, 또한 협약 종료 후에 가입한 근로자의 근로조건에 대해서도 구속력을 가진다.

③ 화체설

「협약자체의 효력의 존속」에 대해서는 이를 부정한다. 그러나 협약 종료 후에도 종래의 협약의 기준이 이미 개별 근로계약의 내용으로 화체되어 존속하고 있음을 인정한다. 이 점에 있어서 협약의 효력이 잔존하고 있다고 설명한다. 그러나 이 설의 특징은 협약종료 후에는 강행적·직접적 효력이 더 이상 존재하지 않으므로 협약의 기준에 의한 개개의 근로계약의 내용을 근로관계 당사자의 자유의사에 의하여 변경할 수 있다고 하는 데 있다. 그러므로 이 설은 협약의 소멸 후에 있어서도 협약에 의한 근로계약이 화체된 한도에서 협약의 효력이 존속한다는 의미일 뿐 협약 그 자체의 여후효를 인정한 것은 아니다.

(3) 검토

단체협약 실효 시 근로자의 근로조건도 보호도 중요하지만 사용자 또한 기존 단체협약의 구속으로부터 벗어나 새로운 내용으로 근로계약을 변경할 수 있어야 한다는 점을 고려할 때 화체설이 타당하다고 본다.

관련판례 1　단체협약 실효후 근로조건

단체협약이 실효되었다고 하더라도 임금, 퇴직금이나 노동시간, 그 밖에 개별적인 노동조건에 관한 부분은 그 단체협약의 적용을 받고 있던 근로자의 근로계약의 내용이 되어 그것을 변경하는 새로운 단체협약, 취업규칙이 체결·작성되거나 또는 개별적인 근로자의 동의를 얻지 아니하는 한 개별적인 근로자의 근로계약의 내용으로서 여전히 남아 있어 사용자와 근로자를 규율하게 되는데, 단체협약 중 해고사유 및 해고의 절차에 관한 부분에 대하여도 이와 같은 법리가 그대로 적용된다(대법 2007.12.27, 2007다51758).

관련판례 2 단체협약 실효후 근로조건

1. 이 사건 (구)단체협약 중 "쟁의기간 중에는 조합원에 대하여 어떠한 사유에 의해서도 징계, 부서이동 등 제반 인사조치를 할 수 없다"라는 규정은 쟁의기간 중에 쟁의행위에 참가한 조합원에 대한 징계 등 인사조치 등에 의하여 노동조합의 활동이 위축되는 것을 방지함으로써 노동조합의 단체행동권을 실질적으로 보장하기 위한 것이라 할 것이므로, 쟁의행위가 그 목적에 있어 정당하고, 절차적으로 노동조합 및 노동관계조정법의 제반 규정을 준수함으로써 정당하게 개시된 경우라면, 비록 그 쟁의 과정에서 징계 사유가 발생하였다고 하더라도 쟁의가 계속되고 있는 한 그러한 사유를 들어 쟁의기간 중에 징계위원회의 개최 등 조합원에 대한 징계절차의 진행을 포함한 일체의 징계 등 인사조치를 할 수 없음을 선언한 것으로, 피고가 정당하게 개시된 전면파업 또는 부분파업 기간 중에 징계위원회를 개최하여 위 파업에 참여한 원고들에 대하여 파업기간 중의 행위를 이유로 파면을 결의한 것은 (구)단체협약에 위반한 것으로서 징계절차상 중대한 하자가 있으므로 이에 따른 징계해고는 무효이고, 이는 위 결의에 따른 징계처분의 효력발생시기를 쟁의기간 이후로 정하였다고 하여도 마찬가지이다.

2. 단체협약이 실효되었다고 하더라도 임금, 퇴직금이나 노동시간, 그 밖에 개별적인 노동조건에 관한 부분은 그 단체협약의 적용을 받고 있던 근로자의 근로계약의 내용이 되어 그것을 변경하는 새로운 단체협약, 취업규칙이 체결·작성되거나 또는 개별적인 근로자의 동의를 얻지 아니하는 한 개별적인 근로자의 근로계약의 내용으로서 여전히 남아 있어 사용자와 근로자를 규율하게 되고, 단체협약 중 해고사유 및 해고의 절차에 관한 부분에 대하여도 이와 같은 법리가 그대로 적용되는 것인바, 위와 같은 법리에 비추어 볼 때, 위 (구)단체협약의 내용은 개별적인 노동조건에 관한 부분이므로 (구)단체협약이 단체협약 해지통보 및 소정 기간의 경과로 실효되었다고 하더라도 (신)단체협약이 체결되기까지는 여전히 원고들과 피고 사이의 근로계약의 내용으로서 유효하게 존속한다(대법 2009.02.12, 2008다70336).

Chapter 6

쟁의행위 1

제1절 쟁의행위 의의 및 종류

I. 노동쟁의와 쟁의행위의 의의

1. 노동쟁의의 개념

(1) 법규정

① 노동쟁의라 함은 노동조합과 사용자 또는 사용자단체(이하 「노동관계 당사자」 라 한다)간에 임금 · 근로시간 · 복지 · 해고 기타 대우 등 근로조건의 결정에 관한 주장의 불일치로 인하여 발생한 분쟁상태를 말한다. 이 경우 주장의 불일치라 함은 당사자간에 합의를 위한 노력을 계속하여도 더 이상 자주적 교섭에 의한 합의의 여지가 없는 경우를 말한다(제2조 제5호).
② 노동관계 당사자는 노동쟁의가 발생한 때에는 어느 일방이 이를 상대방에게 서면으로 통보하여야 한다(제45조 제1항).

(2) 내 용

① 노동쟁의의 당사자

㈎ 노동쟁의의 당사자는 노동조합 기타 근로자단체와 그 상대방인 사용자 또는 사용자단체이다.

㈏ 따라서 개개 근로자는 당사자가 될 수 없으며, 사용자와 근로관계에 관하여 다툼이 있더라도 그것은 노동쟁의가 아니다.

㈐ 일시적인 근로자단체나 쟁의단이 노동쟁의의 당사자가 될 수 있느냐에 관하여 견해 대립이 있으나, 판례는 부정적 입장이다.[26]

② 근로조건의 결정에 관한 주장의 불일치

㈎ 노동쟁의는 노사당사자간에 단체교섭을 하였으나 「주장의 불일치」 로 발생한 분쟁이다. 1996.12.30. 개정법은 노동쟁의의 정의를 근로조건의 결정에 관한 사항(이익분쟁)으로 한정함으로써 권리분쟁은 노동쟁의의 대상에서 제외하였다. 그 대신에 단체협약의 해석과 이행에 관한 권리분쟁 해결절차(제34조)를 별도로 마련하였다.

이와 관련하여 집단적 노사관계에 관한 분쟁이 노동쟁의에 해당되는지가 문제된다. 근로조건과 집단적 노사관계에 관한 사항이 단체교섭의 대상이 되는데 반해, 법상 노동쟁의 개념에는 근로조건만을 규정하고 있기 때문이다. 판례는 집단적 노사관계에 관한 분쟁도 노동쟁의로 보다가[27] 최근에는 노동쟁의가 아니라는 입장을 취하고 있다. 그러나 집단적 노사관계가 단체교섭의 대상이라고 한다면 이러한 집단적 노사관계에 관한 분쟁도 당연히 조정의 대

---

26) 대판 1999. 9.17, 99두5740.

27) 대판 1990.5.15, 90도357, 대판 1990.9.28, 90도602

상이 되는 노동쟁의에 해당한다고 보는 것이 타당하다 할 것이다.

> **관련판례** 중재(조정)의 대상
>
> 중재절차는 원칙적으로 노동쟁의가 발생한 경우에 노동쟁의의 대상이 된 사항에 대하여 행하여지는 것이고, 노동조합및노동관계조정법 제2조 제5호에서는 노동쟁의를 '노동조합과 사용자 또는 사용자 단체 간에 임금·근로시간·복지·해고 기타 대우 등 근로조건의 결정에 관한 주장의 불일치로 인하여 발생한 분쟁상태'라고 규정하고 있으므로 <u>근로조건 이외의 사항에 관한 노동관계 당사자 사이의 주장의 불일치로 인한 분쟁상태는 근로조건의 결정에 관한 분쟁이 아니어서 현행법상의 노동쟁의라고 할 수 없고, 특별한 사정이 없는 한 이러한 사항은 중재재정의 대상으로 할 수 없다 할 것이다</u>(대법 2003.7.25, 2001두4818, 대법 1996.2.23, 94누9177).

(나) 이익분쟁이란 근로조건의 기준에 관한 권리의 형성·유지·변경 등을 둘러싼 분쟁으로 임단협 갱신·체결 관련 분쟁 등을 말하며, 권리분쟁이란 법령·단체협약·취업규칙 등에 의하여 이미 확정된 권리에 관한 노사 간의 해석·적용·이행 등을 둘러싼 분쟁으로 단체협약 해석·이행 관련 분쟁 등을 말한다. 권리분쟁은 사법기관을 통해서만 해결이 가능하며, 조정을 신청할 수 없고 쟁의행위도 불가하다.

(다) 「주장의 불일치」라 함은 당사자 간에 합의를 위한 노력을 계속하여도 더 이상 자주적 교섭에 의한 합의의 여지가 없는 경우를 말한다(제2조 제5호 후문). 따라서 노사 간의 주장이 불일치한다 하여 그것이 곧 노동쟁의가 되는 것이 아니라 단체교섭을 행한 결과로서의 쌍방의 주장이 대립된 상태에 놓이게 되어야 노동쟁의에 해당된다.

③ 분쟁상태

(가) 노동쟁의는 노사 간의 「분쟁상태」를 말한다.

(나) 분쟁상태란 「주장의 불일치가 원인이 되어 쟁의행위가 발생할 우려가 있는 상태」를 말한다.

2. 쟁의행위의 개념

(1) 법규정

> ① 쟁의행위라 함은 파업·태업·직장폐쇄 기타 노동관계당사자가 그 주장을 관철할 목적으로 행하는 행위와 이에 대항하는 행위로서 업무의 정상적인 운영을 저해하는 행위를 말한다(제2조 제6호).
> ② 사용자는 직장폐쇄를 할 경우에는 미리 행정관청 및 노동위원회에 각각 신고하여야 한다(제46조 제2항).
> ③ 노동조합은 쟁의행위를 하고자 할 경우에는 고용노동부령이 정하는 바에 따라 고용노동부장관과 관할노동위원회에 쟁의행위의 일시·장소·참가인원 및 그 방법을 미리 서면으로 신고하여야 한다(영 제17조).

(2) 내 용
 ① 쟁의행위의 당사자
  ㈎ 쟁의행위의 당사자는 집단적 노사관계의 당사자로 노동조합 기타 근로자단체와 그의 상대
     방인 사용자 또는 사용자단체이다.
  ㈏ 일시적 쟁의단의 경우 노동조합의 실질적 요건을 갖추고 있다고 할 수 없어 쟁의행위의 당
     사자로 보기 어렵다고 할 것이다.
  ㈐ 지부, 분회의 경우 독자적인 규약 및 집행기관을 가지고 독립된 조직체로서 활동을 하는
     경우 당해 조직이나 그 조합원에 고유한 사항에 대하여는 독자적으로 단체교섭을 하고 단
     체협약을 체결할 수 있는 바, 독자적으로 쟁의행위도 가능하다고 할 것이다. 이와 관련하여
     판례는 총파업이 아닌 이상 쟁의행위를 예정하고 있는 지부나 분회 소속 조합원의 과반수
     찬성만으로도 쟁의행위가 가능하다고 보고 있다.

관련판례 쟁의당사자의 범위

 지역별·산업별·업종별 노동조합의 경우에는 총파업이 아닌 이상 쟁의행위를 예정하고 있는 당해 지부나
분회소속 조합원의 과반수의 찬성이 있으면 쟁의행위는 절차적으로 적법하다고 보아야 할 것이고, 쟁의행위와
무관한 지부나 분회의 조합원을 포함한 전체 조합원의 과반수 이상의 찬성을 요하는 것은 아니라고 할 것이다
(대법 2004. 9.24, 2004도4641).

 ② 주장을 관철할 목적으로 행하는 행위와 이에 대항하는 행위
  ㈎ 여기서의「주장」은 쟁의행위 주체의 상대방에 대한 주장을 말하고, 근로조건에 관한 주장
     뿐만 아니라 집단적 노사관계에 관한 주장도 포함되며, 이익분쟁에서의 주장을 의미한다.
  ㈏ 사용자의 경영권에 속하는 사항도 근로자의 근로조건과 관계가 있는 한 쟁의행위의 목적이
     될 수 있으며, 징계해고의 기준이나 절차 등 인사사항도 마땅히 쟁의행위의 목적이 될 수 있
     다고 본다. 다만, 구속자석방 요구 등은 사용자의 처분권한 밖의 사항이므로 쟁의행위의 목
     적이 될 수 없다 할 것이다.
  ㈐「관철할 목적」으로 행하는 행위와 이에 대항하는 행위이므로 상대방에게 자기의 주장을 수
     용하도록 요구하거나 이를 저지하기 위한 수단으로서의 행위이어야 한다. 대항하는 행위란
     상대방의 쟁의행위가 있는 경우 그 쟁의행위의 저지수단으로 행하는 방어적·수동적 행위
     로서, 사용자에게는 대항하는 행위만을 인정하고 있다.
 ③ 업무의 정상적인 운영을 저해하는 행위
  ㈎ 업무의 정상적인 운영의 범위와 관련하여 학설이 나뉘고 있다.
   ㉠ 현실평가설
      업무의 정상한 운영은 사실상 행해지는 업무운영의 상태 또는 일상 내지 관행적으로 행
      하여지는 업무운영의 상태라고 본다(판례).
   ㉡ 법적평가설

정상한 운영이란 적법 내지 정당한 업무운영 상태로 보아 법령위반의 업무운영은 어떠한 경우에도 정상한 운영이 아니라고 본다.

(나) 평상적이고 관행적으로 이루어지는 업무가 비록 적법하지 않다 하더라도 명백하고도 중대한 불법이 아닌 경우라면 현실적인 측면에서 보호할만한 가치가 있다고 할 것이므로 현실평가설의 입장이 타당하다고 본다. 따라서 일상적이고 관행적인 업무를 거부하는 것은 업무의 정상한 운영을 저해하는 것으로서 쟁의행위라고 보아야 한다.

Ⅱ. 근로자측 쟁의행위의 종류

(1) 파업(strike)

① 의의

(가) 파업[28]은 다수의 근로자가 근로조건의 유지·개선이라는 목적을 쟁취하기 위하여 조직적으로 그리고 집단적으로 근로제공을 거부하는 행위를 말한다.

(나) 파업은 근로자 측의 쟁의행위 중 가장 오랜 역사를 가진 전형적인 투쟁형태이다.

(다) 파업은 파업이 종료한 후에 근로자들이 근로를 계속할 의사를 가지고 있다는 점에서 집단퇴직과 구별된다.

---

28) 파업의 종류는 다음과 같다.

(가) 전략상의 구분

① 전면파업 : 일정한 기업 또는 산업의 모든 근로자가 파업에 참가하는 경우이다.

② 부분파업 : 일정한 기업 또는 산업의 일부의 근로자들만이 파업에 참가하는 경우이다.

③ 총파업:전면파업보다 파업에 참여하는 범위가 더 넓은 것으로서 전산업에 걸쳐 전국적으로 행해지는 파업이다.

(나) 조직상의 구분

① 조직파업 : 조합원들이 노동조합의 결의에 따라 조직적으로 행하는 파업으로서 적법한 파업은 이 경우에 한한다.

② 비조합파업 : 비조합원들의 파업은 물론 조합원들이 노동조합의 지시나 규약의 규정을 위반하고 행하는 파업 또는 아예 처음부터 노동조합의 결의없이 행하는 파업이다.

(다) 행위의 선후에 의한 구분

① 공격적 파업 : 파업이 사용자의 직장폐쇄보다 먼저 행하여지는 경우이다.

② 방어적 파업 : 파업이 사용자의 직장폐쇄가 있은 다음에 행하여지는 경우이다.

(라) 목적상의 구분

① 투쟁파업 : 파업이 상대방인 사용자에 대하여 자기 자신의 주장을 관철하려는 목적을 가지고 행하지는 경우이다.

② 시위파업 : 파업이 사용자에 대한 직접적인 투쟁목적이 없이 행하여지는 경우이다.

(마) 상대방에 의한 구분

① 노동법상의파업 : 파업의 상대방이 사용자일 경우이다.

② 정치파업 : 파업의 목적이 국가의 정책결정에 영향을 미치기 위한 것으로서 행정부 등을 상대로 하는 경우이다.

(바) 독자성유무에 의한 구분

① 자조적 파업 : 파업을 수행하는 근로자들 자신이 스스로의 주장을 관철하기 위한 경우이다.

② 동정파업(또는 연대파업) : 사용자에 대한 것이라기 보다 타노동조합의 파업을 지원하기 위한 경우이다.

(사) 기타

① 시한부 파업 : 일정한 기간을 정하여 행하는 파업이다.

② 파상파업 : 계속해서 노동력제공을 거부하는 것이 아니라 간헐적으로 노동력제공을 거부하는 것이다.

(2) 태업(Soldiering)
① 의의
　　태업은 근로자들이 형식적으로는 노동력을 제공하지만 의식적으로 불성실하게 근무함으로써 작업능률을 저하시키는 것을 말한다.
② 사보타지(Sabotage)
　　사보타지는 생산 또는 사무를 방해하는 행위로서 단순한 태업에 그치지 않고 적극적으로 원자재나 생산시설 등을 파괴하는 것까지 포함하는 개념이다.
③ 태업의 정당성
　(가) 태업이 단순히 작업능률을 저하시키는 데 그치는 한, 그 정당성은 인정된다.
　(나) 태업의 결과 사용자가 불완전하나마 업무지휘권을 가지며 비 정상적이나마 업무를 운영하는 한 그 태업은 정당한 것이나, 그 한도를 넘을 때 예컨대 의식적인 자재낭비, 불량품 생산 등과 같은 적극적 태업은 정당성이 인정되지 않는다.
　(다) 사보타지는 당연히 위법한 쟁의행위이다.

(3) 생산관리
① 의의
　(가) 생산관리는 노동조합이 사용자의 지휘명령을 배제하고 사업장 또는 공장을 지배하여 자신들의 의사에 따라 기업을 경영하는 쟁의행위이다.
　(나) 파업은 소극적으로 노무를 거부하는 부작위적 쟁의행위이나, 생산관리는 적극적으로 공장 또는 사업장을 점유하여 기업경영을 행하는 작위적 쟁의행위이다.
② 종류
　　생산관리에는 근로자들이 직접 경영을 하되 종전의 경영방침을 준수하면서 수익금은 회사를 위하여 보관하고 임금은 종전대로 지급하는 이상형 생산관리와 회사의 자재를 마음대로 처분하거나 임금도 자기들이 주장한 인상액으로 지급하는 경우가 있다.
③ 생산관리의 정당성
　(가) 생산관리는 원칙적으로 부당한 쟁의행위이다.
　(나) 다만, 근로자들의 생활을 보호하기 위하여 행한 소극적 생산관리는 이를 당연히 위법이라고 볼 수 없을 것이다.
　(다) 그러나 폭력에 의하여 개시된 생산관리나 적극적 생산관리는 위법성을 면치 못한다.

(4) 보이콧(Boycott)
① 의의
　　보이콧은 사용자 또는 그와 거래관계에 있는 제3자의 상품의 구입 기타 시설의 이용을 집단적으로 거부하거나, 사용자 또는 그와 거래관계에 있는 제3자와 근로계약의 체결을 거부할 것을 호소하는 쟁의행위이다. 이른바 불매운동이다.

② 종 류

(가) 1차적 보이콧

당사자인 사용자를 상대로 하여 그 사용자의 상품의 구입 기타 시설의 이용을 거부하거나 타인에게 거부하도록 호소하는 행위이다.

(나) 2차적 보이콧

사용자와 거래관계에 있는 제3자에게 사용자와의 거래를 중단하도록 요구하고 이에 응하지 않을 때에는 상품의 구입이나 노동력의 공급을 중단하겠다고 압력을 가하는 행위이다.

③ 보이콧의 정당성

1차적 보이콧은 폭력행위를 수반하지 않는 한 정당성이 인정되며, 그 결과 제 3자와의 거래가 방해된다 하더라도 반드시 정당성을 상실하는 것은 아니다. 2차적 보이콧은 원칙적으로 위법이다.

(5) 피케팅(Picketing)

① 의 의

피케팅은 파업을 효과적으로 수행하기 위하여 근로희망자들의 사업장 또는 공장에의 출입을 저지하고 파업동참에 협력할 것을 구하는 행위이다.

② 성질

피케팅은 그 자체로서는 독립된 쟁의행위라고 할 수 없으며, 파업이나 보이콧에 수반되는 보조적 쟁의행위이다.

③ 기능

(가) 근로자의 이탈을 방지한다(내부통제의 강화).

(나) 사용자의 쟁의행위 방해와 파괴를 위한 대체고용을 저지한다(노동시장의 차단).

(다) 원재료의 입하 또는 상품출하를 억제하거나 고객의 출입을 통제한다(상품시장의 봉쇄).

④ 피케팅의 정당성

(가) 평화적 설득에 의한 것은 정당하나, 폭행, 협박 또는 위협에 의한 물리적 강제는 부당한 쟁의행위가 된다.

(나) 그러나 파업을 파괴하는 조합원의 배신행위를 저지하기 위해서 하는 행위는 위법이라 할 수 없을 것이며, 파업을 파괴하고자 하는 사용자나 제 3자에 대한 행위가 위법적인가의 여부는 당시의 제반사정을 고려하여 신중히 판단하여야 한다.

(6) 준법투쟁

① 의의

준법투쟁이란 근로자들이 자신들의 주장을 관철하기 위하여 사업장에서 평소 잘 지키지 않는 법령 또는 단체협약 등의 규범을 필요이상으로 엄격히 지키거나 자신들에게 보장된 권리를 일제히 행사하여 업무의 정상적 운영을 저해하는 행위이다.

② 쟁의행위의 해당성 여부

쟁의행위는 근로자에 의해서는 자기의 주장을 관철할 목적으로 하는 행위로서 업무의 정상적 운영을 저해하는 것인데, 「준법투쟁이 쟁의행위인가」에 대하여 견해가 나뉜다.

ⅰ) 현실평가설은 업무의 정상적 운영이란 업무의 「사실상」 정상적 운영을 말하는 것이므로 준법투쟁은 근로자의 요구 실현을 위해서 업무능률저하를 가져오는 한 쟁의행위에 해당한다고 한다.[29]

ⅱ) 법적평가설은 업무의 정상적인 운영이란 법규에 따라서 업무의 운영을 하는 것을 의미하기 때문에 준법투쟁은 쟁의행위에 해당하지 않는다고 한다.

ⅲ) 이분설은 준법투쟁을 집단 연장근로 거부와 같은 권리행사형과 안전보건규정 준수와 같은 법규준수형으로 나누어 권리행사형의 경우 쟁의행위에 해당하지만, 평소의 안전보건규정 위반의 관행은 보호할 가치가 없다고 보아 법규준수형의 경우 쟁의행위에 해당되지 않는다고 한다.

③ 검토

여기에서 말하는 '정상적인' 운영이란 엄격한 의미에서 '적법한' 운영을 의미하는 것이 아니라 사실상 또는 관행상 행해지고 있는 '평상의' 운영을 의미하는 것이므로 업무의 '평상의' 운영을 저해하는 경우는 쟁의행위에 해당한다고 보는 것이 타당하며, 그에 대한 정당성 판단은 일반적인 쟁의행위의 정당성 판단기준에 따라서 판단하여야 한다고 본다.

④ 구체적인 예

안전수칙준수(안전위생투쟁), 연장·휴일근로거부,[30] 정시 출·퇴근, 점심시간일제사용 및 집단휴가투쟁,[31] 집단사표제출에 의한 노무정지,[32] 안전보건투쟁,[33] 식당배식구 한줄 서기[34]

---

29) 대판 1991.12.24, 91도2323; 대판 1992. 3.13, 91누10473; 대판 1994. 6.14, 93다29167; 헌재 2004. 7.15, 2003헌마878

30) 연장근로거부란 근로자들의 연장근로는 개별근로자와의 동의를 통하여 이루어지는 것이 원칙임을 강조하며 집단적으로 소정 근로시간 외의 연장근로를 거부하는 행위를 말한다. 이 경우 연장근로에 대해 노사가 근기법 등 법령이 정한 범위내에서 단체협약, 취업규칙 등을 통해 합의하고, 연장근로가 사실상 관행적으로 행해 왔다면 일방적인 연장근로거부는 쟁의행위에 해당된다고 볼 것이다. 따라서 연장근로거부의 정당성은 일반적인 쟁의행위의 판단기준에 따라 판단하여야 하며, 일반적으로 관행적인 연장근로를 거부하는 경우 그와 같은 쟁의행위는 정당성을 상실하는 것으로 보고 있다(대판 1991.07. 9, 91도1051).

31) 집단휴가는 근로자들이 일제히 연·월차휴가, 조퇴, 생리휴가 등을 실시하는 것을 말한다. 집단연차휴가는 사용자의 휴가시기 변경권(근로기법 제59조 제5항)의 부당한 침해로 볼 수 있고, 집단월차휴가, 집단조퇴, 집단생리휴가의 경우에도 동시에 휴가, 조퇴의 필요성이 발생하거나 동시에 생리를 하는 것은 예상키 어려운 경우이므로 어느 경우에나 업무의 정상적인 운영을 저해하는 경우에는 쟁의행위에 해당된다. 따라서 집단휴가등의 경우에도 일반적인 쟁의행위의 정당성의 기준에 따라서 그 정당성을 평가하여야 한다(대판 1991. 1.23, 90도2852; 대판 1996. 7.30, 95누7765 참조).

32) 집단사표제출이란 근로자들이 요구조건의 관철을 위하여 집단적으로 사표를 제출하고 노무제공을 거부하는 것을 말한다. 통상 진정한 근로계약 해지의 의사없이 자신들의 주장을 관철하기 위하여 실시하는 것이기 때문에 쟁의행위로 봄이 타당하며, 그에 대한 정당성 판단은 일반적인 쟁의행위의 정당성 판단기준에 따라 판단하여야 한다.

33) 안전·위생에 관한 법규, 취업규칙 및 단체협약상의 규정을 철저히 준수하거나 위반사항의 시정을 요구하면서 작업을 거부하는 것을 말한다. 근로자집단의 요구사항 관철을 위한 압력수단으로서 안전·위생규정을 필요이상으로 철저히 준수하는 것은 근로의무의 불성실한 이행에 해당하므로 쟁위행위(태업)에 해당될 수 있으며 쟁의행위에 해당하는 경우 그 정당성 판단은 일반적인 쟁의행위에 준하여 판단하면 된다.

34) 다수의 조합원들이 수개의 배식구중 1개 또는 극소수의 배식구만을 이용하여 급식을 받음으로써 지정된 중식시간을 상당히 연장시키는 행위, 전조합원이 일제히 화장실에 가는 행위 등은 사실상 업무의 정상한 운영을 저해하는 것으로서 쟁위행위에 해당된다(1988.05.11, 노사 32281-6917).

등을 예로 들 수 있다.

(6) 직장점거

① 의의

직장점거는 파업에 참가한 근로자가 단결을 유지하고 더불어 파업의 실효성을 확보하기 위하여 수반되는 보조적 쟁의행위로서 파업참가 근로자들이 사업장에 체류하는 행위이다. 다만, 부분적·병존적 점거인 경우에 한하여 정당성이 인정되지만, 전면적·배타적 점거는 사용자의 시설관리권을 침해하는 행위로서 정당성을 상실한다고 본다.[35]

② 점거가 금지되는 시설

> 쟁의행위는 폭력이나 파괴행위 또는 생산 기타 주요업무에 관련되는 시설과 이에 준하는 시설로서 대통령령이 정하는 시설[36]을 점거하는 형태로 이를 행할 수 없다(제42조 제1항).

③ 직장점거와 정당성

(가) 쟁의행위의 본질은 근로자가 근로제공을 소극적으로 거부하는데 있으므로 사용자가 소유, 경영하는 시설을 실력으로 점거하는 직장점거는 원칙적으로 정당하지 못한 쟁의행위가 된다.

(나) 특히 생산시설 기타 중요업무에 관련되는 시설과 이에 준하는 시설로서 대통령이 정하는 시설, 즉 안전보호시설에 대한 점거형태의 쟁의행위는 정당하지 못한 쟁의행위가 된다.

(다) 기업시설을 부분적, 병존적이 아닌 전면적, 배타적으로 점거할 경우에는 정당성을 상실한다.

Ⅲ. 사용자측 쟁의행위

1. 직장폐쇄

(1) 의의

직장폐쇄[37]라 함은 사용자가 노동조합의 쟁의행위에 대항하여 직장을 폐쇄함으로써 근로자들의

---

35) 대판 1990.10.12, 90도1431.

36) 영 제21조 (점거가 금지되는 시설) 법 제42조 제1항에서 "이에 준하는 시설로서 대통령령이 정하는 시설"이라 함은 다음 각호의 1에 해당하는 시설을 말한다. 1. 전기·전산 또는 통신시설 2. 철도(도시철도를 포함한다)의 차량 또는 선로 3. 건조·수리 또는 정박중인 선박. 다만, 선원법에 의한 선원이 당해 선박에 승선하는 경우를 제외한다. 4. 항공기·항행안전시설 또는 항공기의 이·착륙이나 여객·화물의 운송을 위한 시설 5. 화약·폭약등 폭발위험이 있는 물질 또는 유해화학물질관리법에 의한 유독물을 보관·저장하는 장소 6. 기타 점거될 경우 생산 기타 주요업무의 정지 또는 폐지를 가져오거나 공익상 중대한 위해를 초래할 우려가 있는 시설로서 고용노동부장관이 관계중앙행정기관의 장과 협의하여 정하는 시설

37) 직장폐쇄의 종류로는
(가) 행사시기에 의한 구분
① 선제적 직장폐쇄 : 노동조합이 쟁의행위를 행하기 전에 행하는 직장폐쇄이다.

근로수령을 거부하고 임금을 지급하지 아니하는 사용자의 쟁의행위로서, 이는 헌법상의 노동3권에 기초한 권리가 아니라 어디까지나 노동조합의 쟁의행위에 대한 노조법상 일종의 대항수단으로 볼 수 있다.

(2) 법적 근거
　① 소유권설
　　시민법의 입장에서 사용자의 소유권 내지 경영권에서 파생되는 정당방위 내지 긴급피난이라고 본다.
　② 실질적 대등설
　　노동법적 입장에서 노사 간 세력의 균형이 무너진 경우 그 세력의 균형을 회복할 수 있도록 사용자에게 인정된 권리라고 본다.
　③ 쟁의권남용방어설
　　노동법적 입장에서 헌법 제33조에서 정한 쟁의권보장의 이념에 반하여 근로자 측이 쟁의권을 남용하는데 대한 대항수단으로 사용자측에 주어지는 권리라고 본다.

(3) 성립요건
　① 실질적 요건
　　㈎ 직장폐쇄는 노동조합이 「쟁의행위를 개시한 이후」에만 이를 행할 수 있다(제46조 제1항).[38] 노동조합의 쟁의행위로 인한 위험이 아무리 현저하더라도 쟁의행위 전에는 직장폐쇄를 할 수 없다. 이 요건은 직장폐쇄 개시의 요건임과 동시에 존속의 요건이므로 노동조합의 쟁의행위가 중단된 경우 즉시 직장폐쇄도 중지하여야 한다.[39]
　　㈏ 직장폐쇄의 수단은 사용자의 근로수령의 거부이다. 근로수령거부의 성립에 대하여 견해[40]

---

② 대항적 직장폐쇄 : 노동조합이 쟁의행위를 행한 후에 이에 대항하여 행하는 직장폐쇄로서 노조법 제46조는 대항적 직장폐쇄만을 인정하고 있다.

㈏ 행사의 목적에 의한 구분
① 공격적직장폐쇄 : 양 당사자의 주장이 불일치하는 경우 적극적으로 사용자의 새로운 주장을 관철하기 위하여 행하는 직장폐쇄이다.
② 방어적직장폐쇄 : 노동조합의 주장에 반대하거나 쟁의행위로부터 소극적으로 사용자의 재산권을 보호하기 위하여 행하는 직장폐쇄이다.

㈐ 규모에 의한 구분
① 전면적 직장폐쇄 : 사용자가 사업장전체의 조업을 중단하는 직장폐쇄이다.
② 부분적직장폐쇄 : 사업장의 일부분만 조업을 중단하고 비조합원이나 관리직사원을 사용하여 조업을 계속하는 직장폐쇄이다.

38) 방어적 · 수동적인 직장폐쇄만이 합법이며 노동조합측의 쟁의행위가 중단되면 직장폐쇄도 곧 중지하여야 한다(대전지판 1995. 2.9, 93가합566).

39) 여기서 유의해야 할 점은 이 조항상의 '쟁위행위'란 소위 '정당한 쟁의행위'에 국한하여 해석되고 있으므로, 노동조합이 불법쟁의행위를 단행하고 있는 경우에는 직장폐쇄의 실시는 불가능하며,이러한 경우에는 휴업등의 방법을 고려해야 한다는 점이다 (1990. 5.24, 노사 32281-7428).

40) 학설은 ① 선언설(통고설) : 단지 사용자의 통고 내지 선언만으로 성립된다는 견해(판례), ② 사실행위설 : 쟁의행위는 사실적

가 나뉜다. 직장폐쇄는 사용자에 의한 의사표시의 선언만으로도 성립한다고 본다. 반드시 사업장의 출입이나 근로수령거부의 사실상 조치가 취해져 통상의 방법으로는 근로제공이 어려운 상태가 되어야 하는 것은 아니라고 본다.

② 형식적 요건

직장폐쇄를 할 경우에는 미리 행정관청 및 노동위원회에 각각 신고하여야 한다(동조 제2항).

③ 사용자가 신고절차를 위반하여 신고하지 아니한 경우에도 직장폐쇄는 유효하게 성립한다. 왜냐하면 직장폐쇄의 신고는 직장폐쇄의 본질적 내용과 관계없는 절차적 요건에 불과하기 때문이다. 다만 벌칙의 적용을 받는다(제96조 제1항 제3호).

④ 직장폐쇄의 정당성 판단기준

직장폐쇄는 노동조합이 정당한 쟁의행위를 개시한 이후에만 허용되는 것으로 직장폐쇄는 어디까지나 방어적·수동적 차원에서 행사되어야 하며, 이와 동시에 직장폐쇄는 동반자해의 쟁의행위로서 직장폐쇄를 해야만 할 긴급성, 필요성이 제기될 때 한하여 그 정당성을 확보할 수 있다.[41]

⑤ 직장폐쇄의 법적 효과

(가) 직장폐쇄의 실질적 성립요건을 충족시키는 경우 사용자는 임금지급의무가 면제된다. 다만 쟁의행위 중에도 안전보호시설의 정상적인 유지·운영은 이를 정지·폐지 또는 방해할 수 없으므로(제42조 제2항), 전면적 직장폐쇄 중에도 이에 종사하는 근로자에게는 당연히 임금을 지급할 의무가 있다.

(나) 직장폐쇄가 미치는 범위[42]는 생산시설 내지는 업무시설에 한정되기 때문에, 조합원의 사생활이나 조합활동에 필요한 조합사무소, 기숙사, 식당, 매점 등의 복리후생시설에 대한 직장폐쇄는 불가하다.[43]

인 행위이므로 직장폐쇄의 의사를 표시하는 것만으로 부족하며 현실적으로 사업장의 출입구를 폐쇄하여 근로자의 사업장 출입과 근로의 제공이 불가능한 상태로 만들어야 한다는 견해로 나뉜다.

41) 1993. 6.25. 노사 68140-312.

42) 직장폐쇄는 사실상의 노무수령거부행위로 사업의 출입문을 폐쇄하거나 근로자들을 생산시설로부터 축출하여 노무제공을 차단하는 조치를 포함하는 것이므로 직장폐쇄에 의하여 근로자들의 사업장 출입저지가 가능하다. 따라서 사용자가 정당한 직장폐쇄후 근로자들에게 퇴거명령을 하였음에도 이에 불응하는 경우에는 형법상 퇴거불응(형법 제319조)에 해당할 수 있다.

43) 1994.11.21. 노사 68107-338.

제2절 쟁의행위와 근로

Ⅰ. 쟁의행위와 근로관계

1. 쟁의행위와 근로관계에 관한 학설

(1) 문제의 소재

개개 근로자의 쟁의행위 참가는 근로자의 주된 의무인 근로제공의무를 이행하지 않는 것이 되어 계약위반이 되며 따라서 계약위반에 따른 손해배상책임을 부담할 수 있다는 문제가 발생한다. 또한 이러한 손해배상책임을 면하기 위해서는 쟁의행위에 참가하기 전에 근로계약을 해지(파기)해야 하는 것이 아닌가 하는 문제가 제기되는 바, 이와 관련하여 독일을 중심으로 논의가 있어 왔다.

(2) 학설

① 근로계약파기설

파업참가자는 미리 근로계약 해지를 통고하지 않으면 근로제공의무를 면할 수 없고, 쟁의행위로 근로계약은 파기되므로 쟁의종료 후 다시 계약을 체결해야 한다는 견해이다. 1950년대 초반까지 독일에서의 지배적 견해였다.

② 근로계약정지설(통설)

파업권행사는 원칙적으로 근로계약을 파기시키지 않고 다만 근로관계를 일시적으로 정지시킬 뿐이므로 파업기간 중 파업참가자의 노무급부의무와 사용자의 임금지급의무는 정지하여 파업이 종료하면 근로계약관계는 다시 원상회복된다는 견해이다.

(3) 검토

근로계약파기설은 쟁의권의 제도적 보장과 쟁의권의 본래적 성격에 어긋난다 할 것이므로, 정당한 쟁의행위에 의해 근로관계는 아무런 침해를 받지 않는다는 근로계약정지설이 타당하다 할 것이다.

2. 쟁의기간 중 임금지급금지 범위

(1) 법 규정 및 문제의 소재

사용자는 쟁의행위에 참가하여 근로를 제공하지 아니한 근로자에 대하여는 그 기간중의 임금을 지급할 의무가 없다(제44조 제1항).

또한 노동조합은 쟁의행위기간에 대한 임금의 지급을 요구하여 이를 관철할 목적으로 쟁의행위를 하여서는 아니된다(동조 제2항).

노조법은 파업참가 근로자에 대한 무노동 무임금 원칙을 명문으로 규정하고 있다. 그러나 파업참가 근로자에 대한 임금지급금지 범위에 대해서는 견해가 나뉘고 있다.

(2) 학설
① 임금이분설(일부삭감설) : 임금에는 그 성질에 따라 근로자로서의 지위에 기하여 받는 생활보장적 부분과 근로를 제공한 데 대하여 받는 교환적 부분이 있는 바, 쟁의행위에 참가하여 근로를 제공하지 않은 경우 공제하여야 할 임금은 교환적 부분에 국한된다고 보는 견해이다.
② 임금일원설(전면삭감설) : 임금은 모두 근로의 대상이며 따라서 파업참가로 인해 근로를 제공하지 못한 경우 임금 일체를 지급받지 못한다는 견해이다. 또한 임금의 일부를 지급할 경우 사용자와 노동조합간의 쟁의대등성이 파괴되어 협약자치제도에 반한다고 한다. 대법원은 과거 임금이분설을 취했으나, 1995년 전원합의체 판례에서 입장을 변경하여 임금일원설의 입장을 취하고 있다.

관련판례 임금의 구성(범위)

근로기준법 제17조, 제18조, 민법 제656조 제2항, 의료보험법 제3조등 현행 실정법 하에서는, 모든 임금은 근로의 대가로서 '근로자가 사용자의 지휘를 받으며 근로를 제공하는 것에 대한 보수'를 의미하므로 현실의 근로제공을 전제로 하지 않고 단순히 근로자로서의 지위에 기하여 발생한다는 이른바 생활보장적 임금이란 있을 수 없고, 또한 우리 현행법상 임금을 사실상 근로를 제공한 데 대하여 지급받는 교환적 부분과 근로자로서의 지위에 기하여 받는 생활보장적 부분으로 2분할 아무런 법적 근거도 없다(대법 1995.12.21, 94다26721).

③ 의사해석설 : 쟁의행위로 인한 임금공제의 범위는 단체협약 또는 취업규칙의 규정이나 관행 등을 참작하여 개별적인 의사해석에 따라 판단하여야 한다고 보는 견해이다. 즉, 쟁의행위 기간 중 임금공제 범위는 근로계약 해석의 문제로 보며, 쟁의행위 기간 중 노무제공 중단과 평상시의 결근을 달리 볼 이유가 없다는 점 등을 논거로 한다.

> **관련판례** 쟁의행위시 임금지급 범위
>
> 쟁의행위시 임금지급에 관하여 단체협약이나 취업규칙 등에서 이를 규정하거나 그 지급에 관한 당사자 사이의 약정이나 관행이 있다고 인정되지 아니하는 한 근로자의 근로제공의무 등의 주된 권리·의무가 정지되어 근로자가 근로제공을 하지 아니한 쟁의행위 기간 동안에는 근로제공의무와 대가관계에 있는 근로자의 주된 권리로서의 임금청구권은 발생하지 않고, 사용자가 근로자의 노무제공에 대한 노무지휘권을 행사할 수 있는 평상적인 근로관계를 전제로 하여 단체협약이나 취업규칙 등에서 결근자 등에 관하여 어떤 임금을 지급하도록 규정하고 있거나 임금 삭감 등을 규정하고 있지 않고 있거나 혹은 어떤 임금을 지급하여 온 관행이 있다고 하여, 근로자의 근로제공의무가 정지됨으로써 사용자가 근로자의 노무제공과 관련하여 아무런 노무지휘권을 행사할 수 없고 평상시에 있어서의 결근 등과는 그 형태상으로도 뚜렷한 차이가 있는 쟁의행위의 경우에, 이를 유추하여 당사자 사이에 쟁의행위 기간 중 쟁의행위에 참가하여 근로를 제공하지 아니한 근로자에게 그 임금을 지급할 의사가 있다거나 임금을 지급하기로 하는 내용의 근로계약을 체결한 것이라고는 할 수 없다(대법 1996.02.09, 95다19501).

3. 파업 불참자의 임금청구권

(1) 파업불참자만으로 조업이 가능한 경우

　　① 파업불참자는 조업이 가능한 경우에는 취업을 청구할 수 있고, 사용자는 그 근로자를 근로시킬 의무가 있다. 따라서 사용자가 파업불참자들의 근로제공을 거부한다면 '수령지체 책임'을 지고 민법 제538조 제1항에 따라 근로자들은 임금 전액을 청구할 수 있다.[44]

　　② 다만 사용자가 적법하게 직장폐쇄를 하는 경우에는 파업불참자들에 대해서도 임금지급의무를 면하게 된다.

(2) 파업불참자만으로 조업이 불가능한 경우

　　근로자들의 쟁의행위로 조업이 불가능한 경우에 있어서 문제가 되는 것은 불참자에게 근기법 제46조[45]의 휴업수당을 지급해야 하는가가 문제되는 바, 이와 관련하여 학설이 나뉘고 있다.

　　① 제1설(긍정설)

　　쟁의행위로 인한 노동력 공급부족을 원자재 공급부족과 유사하다고 보아 사용자의 귀책을 인정하는 견해이다.

　　② 제2설(부정설)

　　투쟁평등의 원칙 및 근로자전체의 연대적 관점에서 비추어 볼 때 쟁의행위 불참자에 대한 휴

---

44) 쌍무계약의 당사자 일방의 채무가 채권자의 책임있는 사유로 채무를 이행할 수 없게 된 때에는 채권자는 상대방의 이행을 청구할 수 있다(민법 제538조 제1항).

45) 근로기준법 제46조 (휴업수당) ① 사용자의 귀책사유로 휴업하는 경우에 사용자는 휴업기간 동안 그 근로자에게 평균임금의 100분의 70 이상의 수당을 지급하여야 한다. 다만, 평균임금의 100분의 70에 해당하는 금액이 통상임금을 초과하는 경우에는 통상임금을 휴업수당으로 지급할 수 있다. ② 제1항에도 불구하고 부득이한 사유로 사업을 계속하는 것이 불가능하여 노동위원회의 승인을 받은 경우에는 제1항의 기준에 못 미치는 휴업수당을 지급할 수 있다.

업수당 지급은 인정될 수 없다는 견해이다.

③ 검토

근로자들의 파업참가를 원자재 공급부족과 유사하다고 보기 어려울 뿐만 아니라, 파업불참
자들에 대한 휴업수당 지급은 투쟁평등의 원칙 및 근로자전체의 연대적 관점에서 비추어 볼
때 타당하지 않다고 판단된다.

4. 쟁의행위와 기타 근로관계

(1) 보안작업 수행

파업기간 중에도 존속하는 부수적 의무인 충실의무에 의하여 보안작업의 정지 또는 폐지는 할 수
없으며, 이 부분에서의 파업은 그 정당성을 인정받지 못한다.

(2) 안전보호시설의 유지의무

근로계약정지설에 따르면 쟁의행위 기간 중이라도 근로자와 사용자의 부수적인 권리, 의무는 정
지되지 않으므로 근로자는 모든 안전보호시설의 유지의무를 진다.

법에서도 쟁의행위 기간 중의 안전보호시설에 대한 정상적인 유지, 운영의무에 대하여 규정하여
이를 확인하고 있으며 또한 작업시설의 유지의무에 대해서도 규정하고 있다.

(3) 비밀의 엄수

근로자도 종업원이란 지위에 따른 성실의무를 파업기간 중에도 지므로 기업비밀의 누설, 허위의
사실을 선전하여 기업의 신용을 떨어뜨리는 행위 등은 계약상의 책임을 부담하게 된다.

(4) 복리후생시설의 이용권

회사복리시설이나 사택, 기숙사 등의 이용권은 성실 · 배려의무상 아무런 영향을 받지 아니한다.

(5) 파업종료후의 근로관계

① 권리 · 의무관계

파업이 종료하는 경우 근로계약관계는 다시 정상화되므로 파업에 참가했던 근로자들의 근로
제공의무와 사용자의 임금지급의무는 원래대로 회복된다. 따라서 근로자가 근로제공을 거부
하면 채무불이행책임을 져야하고 사용자가 근로수령을 거부하면 수령지체책임을 져야한다.

② 불이익취급의 금지

파업참가를 이유로 불이익취급을 하는 것은 부당노동행위가 되므로 사용자는 이를 행할 수
없다(제81조 제5호).

(6) 파업기간의 근로일 산정

① 파업기간은 근로계약관계가 정지될 뿐 소멸되지는 않으므로 퇴직금의 산정과 관련된 계속근
로일수로 산입 하는 것이 타당하다.

② 파업기간을 휴가청구권의 취득을 위한 근로일로 산입 할 것이냐에 대해서는 견해대립이 있으나 근로하지 않는 것과 한 것은 분명한 차이가 있으므로 부정적으로 해석해야 한다.

Ⅱ. 대체근로의 제한

1. 서설

(1) 쟁의행위는 근로자들의 생존권을 보장하기 위하여 필수적인 것으로 현행법 제43조에서는 쟁의행위기간 중에 대체근로를 제한하여 근로자의 쟁의행위를 보호하고 있다.

(2) 2006.12.30. 법 개정에 의해 2008.1.1.부로 필수공익사업의 강제중재제도가 폐지됨에 따라 필수공익사업 중 필수유지업무 대상이 아닌 업무의 경우 파업이 전면 허용되어 공익보호의 관점에서 보완 방안이 필요하게 되었으며, 이러한 차원에서 필수공익사업의 경우 일정한 범위에서 대체근로를 대폭 완화하고 있다.

2. 대체근로제한의 의의

(1) 개 념

쟁의행위로 중단된 업무를 다른 근로자로 대체하여 수행하는 것을 대체근로라 하고, 쟁의행위에 참가한 자를 대신하여 대체근로를 하는 자를 대체근로자라고 한다.

(2) 구법의 문제점

① 구법에서도 "사용자는 쟁의기간 중 쟁의에 관계없는 자를 채용 또는 대체할 수 없다"고 규정하고 있어 쟁의의 당사자인 노동조합과 사용자 이외의 자는 쟁의에 관계없는 자가 되어 그 채용 및 대체가 금지되었다.

② 이에 따르면 비조합원도 쟁의에 관계없는 자로서 근로에 투입될 수 없는 것이 되는 등의 불합리한 점이 있었다.

(3) 현행 법규정

이러한 불합리한 점을 개선하고 사업주의 사업계속의 자유를 보장하기 위하여 현행법에서는 '사용자는 쟁의행위 기간 중 그 쟁의행위로 중단된 업무의 수행을 위하여 당해 사업과 관계없는 자를 채용 또는 대체할 수 없다'고 규정하고 있다(법 제43조). 따라서 당해 사업에 이미 고용되어 있는 내부의 비조합원이나 파업 불참가자에 의해 쟁의행위로 중단된 업무를 대체하는 것은 허용된다. 또한 당해 사업에 속한 경우라면 다른 사업장에서 근무하는 자에 대한 대체근로도 가능하다.

3. 사용자의 대체근로제한의 범위

(1) 신규채용의 금지

① 채용이란 근로자를 새로 고용하는 것을 말하며, 그 고용의 형태나 기간은 불문하므로 신규
채용은 물론 임시 채용, 하청회사·용역회사 근로자에게 업무를 담당하게 하는 것[46]까지 포함
되는 것으로 본다.

② 다만, 쟁의행위로 중단된 업무를 수행토록 하기 위해서가 아니라 사업의 확장으로 근로자를
신규 채용하거나 자연감소 인원을 보충하기 위한 채용은 허용된다고 보아야 할 것이다.[47]

(2) 대체근로의 금지

당해 사업과 관계있는 자는 대체가 가능하다. 따라서 당해 사업에 이미 고용되어 있는 내부의 비
조합원이나 파업 불참가자에 의해 쟁의행위로 중단된 업무를 대체하는 것은 허용된다. 또한 당해
사업에 속한 경우라면 다른 사업장에서 근무하는 자에 대한 대체근로도 가능하다.

(3) 도급·하도급의 금지

① 법 규정

이에 현행법에서는 쟁의행위로 중단된 업무를 도급 또는 하도급을 줄 수 없도록 함으로써 대체근
로를 제한하고 있다.

② 취 지

쟁의행위로 중단된 업무를 당해 사업 외부에 도급 또는 하도급을 주는 것은 다른 사업의 근로자
를 대체근로에 투입하는 것과 동일한 효과가 있을 수 있으므로 이를 금지하는 것이다.

③ 원청회사가 직접 업무를 수행하는 경우

하청업체의 파업으로 중단된 원청회사가 직접 수행하거나 다른 하청업체를 선정하여 업무를 계
속하는 것이 본조를 위반한 것인지 여부와 관련하여 법상 쟁의기간 중 채용·대체금지는 쟁의행
위의 당사자인 사용자에게 부과되는 의무로서 원청회사는 쟁의행위 당사자인 사용자의 위치에 있
지 아니하므로 용역업체가 수행하던 업무를 직접 또는 다른 하청업체를 선정하여 수행할 수 있다
고 본다.

(4) 정당성을 상실한 쟁의행위의 경우

대체고용이 금지되는 쟁의행위는 정당한 쟁위행위에 국한되므로 정당성을 상실한 쟁의행위의 경
우에는 대체고용이 인정된다고 해석되어야 할 것이다. 예컨대, 안전보호시설에 종사하는 자의 쟁의
행위 등 정당성을 상실한 쟁의행위의 경우에는 대체근로가 허용된다고 본다.

---

46) 1992.6.26, 노사 01254-322.

47) 김유성, 300면.

(5) 파견근로자보호 등에 관한 법률

　① 법 규정

　파견사업주는 쟁위행위 중인 사업장에 그 쟁의행위로 중단된 업무의 수행을 위하여 근로자를 파견할 수 없다(파견근로자보호법 제16조 제1항).

　② 취지

　사용자가 대체근로 제한 법규 회피 차원에서 파견근로자를 사용하는 것을 금지하기 위하여 파견사업주에게 특별한 의무를 부담하게 한 것이다.

4. 대체근로 제한규정 위반의 효과

(1) 사용자가 동법 동조의 규정을 위반하여 쟁의행위기간 중에 신규채용 또는 대체근로를 할 경우에는 그 벌칙으로서 1년 이하의 징역 또는 1천만 원 이하의 벌금형에 처하게 된다(제91조 제1호).

(2) 또한 신규채용의 경우에 있어서는 당해 채용은 무효가 된다고 보아야 할 것이다.

5. 필수공익사업의 대체근로 완화

　① 의의

　2006.12.30. 법개정에 의해 2008.1.1.부터 필수공익사업의 강제중재제도가 폐지됨에 따라 필수공익사업 중 필수유지업무 대상이 아닌 업무의 경우 파업이 전면 허용되어 공익보호의 관점에서 보완 방안이 필요하게 되었으며, 이러한 차원에서 필수공익사업의 경우 대체근로 허용 요건과 범위를 대폭 완화한 것이다.

　② 법 규정 및 내용

제43조 (사용자의 채용제한)

① 사용자는 쟁의행위 기간중 그 쟁의행위로 중단된 업무의 수행을 위하여 당해 사업과 관계없는 자를 채용 또는 대체할 수 없다.

② 사용자는 쟁의행위기간중 그 쟁의행위로 중단된 업무를 도급 또는 하도급 줄 수 없다.

③ 제1항 및 제2항의 규정은 필수공익사업의 사용자가 쟁의행위 기간 중에 한하여 당해 사업과 관계없는 자를 채용 또는 대체하거나 그 업무를 도급 또는 하도급 주는 경우에는 적용하지 아니한다.

④ 제3항의 경우 사용자는 당해 사업 또는 사업장 파업참가자의 100분의 50을 초과하지 않는 범위 안에서 채용 또는 대체하거나 도급 또는 하도급 줄 수 있다. 이 경우 파업참가자 수의 산정 방법 등은 대통령령으로 정한다.

　필수공익사업의 경우에는 공중의 생활과 국민경제에 미치는 파급효과를 고려하여 당해사업과 관계없는 자라 하더라도 파업참가 근로자의 50/100까지 대체근로를 허용하도록 하였다. 다만, 근로자 파견을 통한 대체근로는 종전과 같이 제한하고 있다.

Chapter 7

쟁의행위 2

제1절 정당한 쟁의행위

I. 쟁의행위의 정당성 요건

1. 서설

(1) 쟁의행위가 정당한가의 여부에 따라 민·형사면책 등 쟁의행위에 대한 법적 보호규정의 적용여부가 달라지기 때문에 쟁의행위의 정당성 문제는 매우 중요하다.

(2) 쟁의행위는 주체, 목적, 방법, 절차 측면에서 정당성 요건을 충족하여야만 민형사 면책이 가능하며, 정당성을 상실한 경우 민사적으로는 불법행위에 기한 손해배상을 청구할 수 있으며, 형사적으로는 업무방해죄의 책임을 물을 수 있다.

(3) 다만 쟁의행위가 법상의 일정한 제한규정에 위반했다고 해서 반드시 정당성을 상실하는 것은 아니다. 쟁의행위가 실정법규에 위반하고 노조법의 목적과 법질서 전체에 부합하지 않은 경우 정당성을 상실한 것으로 보아야 할 것이다.

2. 정당성 요건

(1) 법규정
제37조 (쟁의행위의 기본원칙)
① 쟁의행위는 그 목적·방법 및 절차에 있어서 법령 기타 사회질서에 위반되어서는 아니된다.
② 조합원은 노동조합에 의하여 주도되지 아니한 쟁의행위를 하여서는 아니된다.

(2) 주체
① 쟁의행위는 단체협약체결능력이 있는 노동조합이 조직하고 주도하여야 한다.[48]
② 여기서 말하는 노동조합은 실질적 요건을 갖춘 조합이면 족하고, 반드시 형식적 요건(제10조, 제11조)까지 갖추어야 하는 것은 아니다.
③ 그러나 단체교섭권한이 없는 일시적 쟁의단의 경우에는 견해의 대립이 있지만, 판례는 그 주체가 될 수 없다고 본다.[49]

(3) 목적
① 쟁의행위는 사용자의 관계에서 근로자들의 근로조건의 유지·개선과 경제적·사회적 지위의 향상을 목적으로 하여야 한다.

---

48) 따라서 비 노조 주도 파업, 산고양이 파업은 정당성을 상실한다.
49) 헌재 1990.1.12, 89헌가103

② 정치파업,[50] 동정파업 그리고 단체교섭의 대상이 아닌 근로조건과 무관한 순수경영권사항을 목적으로 하는 쟁의행위는 원칙적으로 정당하지 않다. 다만 구체적·실질적인 면에서 근로조건의 개선이 주목적이고 정치적 목적이 불가피하게 부수되는 경우에는 허용 된다.[51]

관련판례 쟁의행위 목적의 정당성

쟁의행위에서 추구되는 목적이 여러 가지이고 그 중 일부가 정당하지 못한 경우에는 주된 목적 내지 진정한 목적의 당부에 의하여 그 쟁의목적의 당부를 판단하여야 할 것이고, 부당한 요구사항을 뺐더라면 쟁의행위를 하지 않았을 것이라고 인정되는 경우에는 그 쟁의행위 전체가 정당성을 갖지 못한다고 보아야 한다(대법 2006.5.25, 2002도5577).

③ 노동조합이 사용자가 수용할 수 없는 과다한 요구를 한 경우에도 이는 단체교섭에서 조정할 문제이지 곧바로 쟁의행위의 목적이 부당한 것이라고 해석할 수 없다.
④ 정리해고나 사업조직의 통폐합이나 기업의 구조조정의 실시 여부는 경영주체에 의한 고도의 경영상 결단에 속하는 사항으로서 이는 원칙적으로 단체교섭의 대상이 될 수 없고, 그것이 긴박한 경영상의 필요나 합리적인 이유 없이 불순한 의도로 추진되는 등의 특별한 사정이 없는한, 노동조합이 실질적으로 그 실시 자체에 반대하기 위하여 쟁의행위에 나아간다면, 비록 그 실시로 인하여 근로자들의 지위나 근로조건의 변경이 필연적으로 수반된다 하더라도 그 쟁의행위는 목적의 정당성을 인정할 수 없다 할 것이다.[52]

관련판례 쟁의행위 목적의 정당성(경영권 관련)

정리해고나 사업조직의 통폐합, 공기업의 민영화 등 기업의 구조조정의 실시 여부는 경영주체에 의한 고도의 경영상 결단에 속하는 사항으로서 이는 원칙적으로 단체교섭의 대상이 될 수 없고, 그것이 긴박한 경영상의 필요나 합리적인 이유 없이 불순한 의도로 추진되는 등의 특별한 사정이 없는 한, 노동조합이 실질적으로 그 실시 자체를 반대하기 위하여 쟁의행위에 나아간다면, 비록 그 실시로 인하여 근로자들의 지위나 근로조건의 변경이 필연적으로 수반된다 하더라도 그 쟁의행위는 목적의 정당성을 인정할 수 없는 것이다(대법 2002.2.26, 99도5380).

⑤ 법령에서 금지하는 내용을 목적으로 쟁의행위를 할 수 없다. 예컨대 노동조합은 쟁의행위 기간에 대한 임금의 지급을 요구하여 이를 관철할 목적으로 쟁의행위를 해서는 아니 된다.
⑥ 법 규정상 노동쟁의를 이익분쟁에 한정하고 있음이 명확하고 일부 권리분쟁에 대해 별도로 규정한 점을 감안할 때 권리분쟁에 관한 주장을 관철하기 위하여 행해지는 쟁의행위는 허용되지

---

50) 정부의 입법정책을 반대하기 위한 파업은 정당하지 않다(한국가스공사 대판 2003. 7. 8, 2002도7225).
51) 대판 2002.4.26, 2000두4631.
52) 대판 2006.5.12, 2002도3450.

않는다고 본다.

(4) 수단 · 방법

제38조 (노동조합의 지도와 책임)

① 쟁의행위는 그 쟁의행위와 관계없는 자 또는 근로를 제공하고자 하는 자의 출입 · 조업 기타 정상적인 업무를 방해하는 방법으로 행하여져서는 아니되며 쟁의행위의 참가를 호소하거나 설득하는 행위로서 폭행 · 협박을 사용하여서는 아니된다(쟁의행위 감시).

② 작업시설의 손상이나 원료 · 제품의 변질 또는 부패를 방지하기 위한 작업은 쟁의행위 기간중에도 정상적으로 수행되어야 한다(보안작업 수행).

제42조 (폭력행위등의 금지)

① 쟁의행위는 폭력이나 파괴행위 또는 생산 기타 주요업무에 관련되는 시설과 이에 준하는 시설로서 대통령령이 정하는 시설을 점거하는 형태로 이를 행할 수 없다(폭력행위등 금지).

② 사업장의 안전보호시설에 대하여 정상적인 유지 · 운영을 정지 · 폐지 또는 방해하는 행위는 쟁의행위로서 이를 행할 수 없다(안전시설 가동).

(5) 절차 · 시기

① 최후적 수단

쟁의행위는 단체교섭이 결렬되었거나 더 이상의 진행이 무의미한 경우에 최후적 수단으로 사용되어야 한다.

② 평화의무와 평화조항

평화의무에 반하는 쟁의행위 등은 정당성이 없는 것이 보통이며, 평화조항을 위반한 경우에는 설사 정당성이 인정된다 하더라도 단체협약 불이행에 대한 손해배상책임을 부담할 수 있다.

③ 조합원찬반투표

조합규약을 위반한 쟁의행위 개시는 하등 정당성에는 영향을 미치지 아니하지만, 조합원의 찬반투표를 결여한 쟁의행위는 정당성을 상실한다고 본다.[53]

---

53) 대판 2001.10.25.

관련판례 쟁의행위 정당성 요건(조합원 찬반투표)

근로자의 쟁의행위가 형법상 정당행위가 되기 위하여는 첫째 그 주체가 단체교섭의 주체로 될 수 있는 자이어야 하고, 둘째 그 목적이 근로조건의 향상을 위한 노사간의 자치적 교섭을 조성하는 데에 있어야 하며, 셋째 사용자가 근로자의 근로조건 개선에 관한 구체적인 요구에 대하여 단체교섭을 거부하였을 때 개시하되 특별한 사정이 없는 한 조합원의 찬성결정 등 법령이 규정한 절차를 거쳐야 하고, 넷째 그 수단과 방법이 사용자의 재산권과 조화를 이루어야 함은 물론 폭력의 행사에 해당되지 아니하여야 한다는 여러 조건을 모두 구비하여야 하는바, 특히 그 절차에 관하여 <u>쟁의행위를 함에 있어 조합원의 직접·비밀·무기명투표에 의한 찬성결정이라는 절차를 거쳐야 한다는 노동조합및노동관계 조정법 제41조 제1항의 규정은 노동조합의 자주적이고 민주적인 운영을 도모함과 아울러 쟁의행위에 참가한 근로자들이 사후에 그 쟁의행위의 정당성 유무와 관련하여 어떠한 불이익을 당하지 않도록 그 개시에 관한 조합의사의 결정에 보다 신중을 기하기 위하여 마련된 규정이므로 위의 절차를 위반한 쟁의행위는 그 절차를 따를 수 없는 객관적인 사정이 인정되지 아니하는 한 정당성이 상실된다</u>(대법 2001.10.25, 99도4837).

④ 조정전치주의

노조법은 조정절차를 거치지 아니하면 쟁의행위를 할 수 없다고 규정하여(제45조), 쟁의행위 이전에 노동위원회 등을 통한 조정절차를 거치도록 하는 조정전치주의를 채택하고 있다. 판례는 이러한 조정전치주의를 위반한 경우라 하여 쟁의행위의 정당성이 당연히 상실되는 것은 아니라고 본다. 특히 교섭미진에 따른 추가교섭을 권고하는 노동위원회의 행정지도를 무시하고 쟁의행위로 나아간 사안에서 대법원은 절차적 정당성을 인정한 바 있다.

관련판례 쟁의행위의 정당성 요건(조정전치)

쟁의행위가 형법상 정당행위로 되기 위하여는 그 목적이 근로조건의 유지·개선을 위한 노사간의 자치적 교섭을 조성하는 데에 있어야 하고 그 절차에 있어 특별한 사정이 없는 한 노동위원회의 조정절차를 거쳐야 하는바, 쟁의행위에서 추구되는 목적이 여러 가지이고 그 중 일부가 정당하지 못한 경우에는 주된 목적 내지 진정한 목적의 당부에 의하여 그 쟁의행위 목적의 당부를 판단하여야 하므로 부당한 요구사항을 뺐더라면 쟁의행위를 하지 않았을 것이라고 인정되는 경우에만 그 쟁의행위 전체가 정당성을 가지지 못하고(대법 1992.1.21, 91누5204), 한편 <u>노동조합이 노동위원회에 노동쟁의 조정신청을 하여 조정절차가 마쳐지거나 조정이 종료되지 아니한 채 조정기간이 끝나면 노동조합은 쟁의행위를 할 수 있는 것으로 노동위원회가 반드시 조정결정을 한 뒤에 쟁의행위를 하여야지 그 절차가 정당한 것은 아니다</u>(대법 2001.6.26, 2000도2871).

관련행정해석 조정전치주의의 효력

【질 의】

자동차부품 생산업체인 (주)○○의 노조는 회사가 사전협의없이 계열사인 ○○정공에 작업물량을 이관했다는 이유로 지난 3.23부터 4일동안 노조원 전원이 작업을 거부한 바 있으며 이후에도 연·월차휴가 사용, 연장근로 거부 등 준법투쟁을 실시했음.

노사 양측은 4.7부터 2차례에 걸쳐 단체교섭을 가졌으나 실질적인 교섭에 들어가지 못하자 노조는 6차에 걸쳐 회사측에 교섭을 촉구했는데도 회사는 노조원들이 정상조업을 하지 않는 한 교섭을 연기하겠다며 이에 불응했음.

이에 따라 노조는 5.6 쟁의발생신고를 하였고 중노위는 이 신고에 대해 성실교섭을 요구하는 행정지도를 내리고 사건을 종결했음. 한편 노조는 더 이상 교섭이 어렵다고 판단해 6.11 중노위에 쟁의행위신고를 하고 20일부터 전면파업에 들어갔는데 노조의 이같은 행위가 정당한지.

【회 시】

노동쟁의라 함은 근로조건에 관한 노사 당사자간의 주장의 불일치로 인한 분쟁상태를 의미하는 바, 이는 쟁의행위에 의하지 않고는 더 이상 효과적인 분쟁해결방법이 기대되지 않는 상태를 의미하는 것으로 해석되어 단체교섭의 횟수에 의해 노동쟁의 해당 여부가 결정되는 것은 아님.

따라서 (주)○○의 노사분규는 이러한 노동쟁의조정법상의 노동쟁의에 해당된다고 생각되므로 비록 중앙노동위원회가 단체교섭 미진을 이유로 교섭촉구의 행정지도를 하였다 할 지라도 노조가 적법한 절차를 거쳐 쟁의행위에 들어갔다면 적법한 쟁의행위임(1994.07.15, 조정01254-139)

Ⅱ. 정당한 쟁의행위의 보호

1. 민사면책

사용자는 이 법에 의한 단체교섭 또는 쟁의행위로 인하여 손해를 입은 경우에 노동조합 또는 근로자에 대하여 그 배상을 청구할 수 없다(제3조).

2. 형사면책

형법 제20조의 규정[54]은 노동조합이 단체교섭·쟁의행위 기타의 행위로서 제1조의 목적을 달성하기 위하여 한 정당한 행위에 대하여 적용된다. 다만, 어떠한 경우에도 폭력이나 파괴행위는 정당한 행위로 해석되어서는 아니된다(제4조).

---

[54] 형법 제20조 (정당행위) 법령에 의한 행위 또는 업무로 인한 행위 기타 사회상규에 위배되지 아니하는 행위는 벌하지 아니한다.

3. 부당노동행위 금지

사용자는 근로자가 정당한 단체행위에 참가한 것을 이유로 하거나 또는 노동위원회에 대하여 사용자가 이 조의 규정에 위반한 것을 신고하거나 그에 관한 증언을 하거나 기타 행정관청에 증거를 제출한 것을 이유로 그 근로자를 해고하거나 그 근로자에게 불이익을 주는 행위를 할 수 없다(제81조 제5호).

4. 구속제한

쟁의행위가 정당한 경우 근로자는 쟁의행위 기간 중에는 현행범 외에는 이 법 위반을 이유로 구속되지 아니한다(제39조).

제2절 쟁의행위와 책임

Ⅰ. 서

근로자나 노동조합은 쟁의행위가 정당성을 갖고 있는 경우에는 민·형사면책이 인정되나, 정당성을 상실한 경우에는 민·형사책임 및 징계책임을 부담하게 된다.

불법쟁의행위 책임은 쟁의행위 상대방에 대한 책임과 사용자의 거래상대방 등 제3자에 대한 책임으로 나뉜다.

Ⅱ. 쟁의행위 상대방에 대한 책임

1. 형사책임

(1) 형사책임의 내용

① 노조법상 책임

노조법 위반으로 인한 불법쟁의행위의 경우 해당 법조 위반에 따른 형사책임을 부담한다. 예를 들어 쟁의행위 찬반투표를 결한 상태에서 쟁의행위에 돌입한 경우 1년 이하의 징역이나 1천만 원 이하의 벌금에 처한다(노조법 제91조).

② 업무방해책임

대법원 판례는 파업 등의 쟁의행위는 본질적·필연적으로 위력에 의한 업무방해의 요소를 포함하고 있어 폭행·협박 또는 다른 근로자들에 대한 실력행사 등을 수반하지 아니하여도 그 자체만으로 위력에 해당하므로 정당성이 인정되어 위법성이 조각되지 않는 한 업무방해죄로 형사 처벌할 수 있다고 보고 있으며, 이러한 대법원의 해석방법에 대해 헌법재판소는 합헌이라고 결정한 바 있다. 실무적으로는 정당성을 상실한 쟁의행위의 경우 업무방해책임만을 묻는 것이 일반적이다.

관련법령

형법 제314조 (업무방해) ① 허위의 사실을 유포하거나 기타 위계 또는 위력으로써 사람의 업무를 방해한 자는 5년 이하의 징역 또는 1천500만 원 이하의 벌금에 처한다.

관련판례 1 쟁의행위와 업무방해죄

　형법 제314조 소정의 업무방해죄에서 말하는 위력이란 사람의 의사의 자유를 제압, 혼란케 할 세력을 가리키는 것으로서, 노동쟁의행위는 본질적으로 위력에 의한 업무방해의 요소를 포함하고 있는데, 다만 근로자의 단체행동권은 단결권, 단체교섭권과 함께 헌법에 의하여 보장된 권리이므로 단체행동권에 속하는 노동 쟁의행위가 형식적으로는 업무방해죄의 구성요건에 해당하는 경우에도 그것이 근로자의 근로조건의 유지, 개선 기타 근로자의 정당한 이익을 주장하기 위한 상당한 수단인 경우에는 정당행위로서 위법성이 조각된다고 할 것이다 (대법 1991.11.8, 91도326).

관련판례 2 쟁의행위시 업무방해죄 요건

(가) 업무방해죄는 위계 또는 위력으로써 사람의 업무를 방해한 경우에 성립하며(형법 제314조 제1항), '위력'이란 사람의 자유의사를 제압·혼란케 할 만한 일체의 세력을 말한다. 쟁의행위로서 파업(노동조합 및 노동관계조정법 제2조 제6호)도, 단순히 근로계약에 따른 노무의 제공을 거부하는 부작위에 그치지 아니하고 이를 넘어서 사용자에게 압력을 가하여 근로자의 주장을 관철하고자 집단적으로 노무제공을 중단하는 실력행사이므로, 업무방해죄에서 말하는 위력에 해당하는 요소를 포함하고 있다.

(나) 근로자는 원칙적으로 헌법상 보장된 기본권으로서 근로조건 향상을 위한 자주적인 단결권·단체교섭권 및 단체행동권을 가지므로(헌법 제33조 제1항), 쟁의행위로서 파업이 언제나 업무방해죄에 해당하는 것으로 볼 것은 아니고, 전후 사정과 경위 등에 비추어 사용자가 예측할 수 없는 시기에 전격적으로 이루어져 사용자의 사업운영에 심대한 혼란 내지 막대한 손해를 초래하는 등으로 사용자의 사업계속에 관한 자유의사가 제압·혼란될 수 있다고 평가할 수 있는 경우에 비로소 집단적 노무제공의 거부가 위력에 해당하여 업무방해죄가 성립한다고 보는 것이 타당하다.

(다) 이와 달리, 근로자들이 집단적으로 근로의 제공을 거부하여 사용자의 정상적인 업무운영을 저해하고 손해를 발생하게 한 행위가 당연히 위력에 해당하는 것을 전제로 노동관계 법령에 따른 정당한 쟁의행위로서 위법성이 조각되는 경우가 아닌 한 업무방해죄를 구성한다는 취지로 판시한 대법 1991.4.23, 90도2771, 대법 1991.11.8, 91도326, 대법 2004.5.27, 2004도689, 대법 2006.5.12, 2002도3450, 대법 2006.5.25, 2002도5577 등은 이 판결의 견해에 배치되는 범위 내에서 변경한다(대법 2011.03.17, 2007도482).

관련 헌재결정례 쟁의행위와 업무방해죄

파업 등의 쟁의행위는 본질적·필연적으로 위력에 의한 업무방해의 요소를 포함하고 있어 폭행·협박 또는 다른 근로자들에 대한 실력행사 등을 수반하지 아니하여도 그 자체만으로 위력에 해당하므로, 정당성이 인정되어 위법성이 조각되지 않는 한 업무방해죄로 형사처벌할 수 있다는 대법원 판례는 비록 단체행동권의 행사가 본질적으로 위력성을 가져 외형상 업무방해죄의 구성요건에 해당한다고 하더라도 그것이 헌법과 법률이 보장하고 있는 범위 내의 행사로서 정당성이 인정되는 경우에는 위법성이 조각되어 처벌할 수 없다는 것으로 헌법이 보장하는 근로3권의 내재적 한계를 넘어선 행위(헌법의 보호영역 밖에 있는 행위)를 규제하는 것일 뿐 정당한 권리행사까지 처벌함으로써 본인의 의사에 반하여 강제노역을 강요하거나 근로자라는 신분만으로 불합리한 차별을 하는 것은 아니라고 판단되므로, 위 대법원의 해석방법이 헌법상의 강제노역금지원칙, 근로3권 및 평등권 등을 침해하지 않는다(헌법재판소 전원재판부 1998. 7.16. 97헌바23).

그러나 쟁의행위가 단순히 '집단성'을 띤다는 이유만으로 소극적인 집단적 노무제공거부행위까지 위력에 의한 업무방해죄 책임을 묻는 것은 문제이며, 집단성이 아닌 '행위의 구체적 태양'에 의해 위력업무방해죄 해당여부를 판단하여야 하는 것이 타당하다고 본다.[55]

③ 기타 형법상 책임

쟁의행위가 폭행이나 협박, 주거침입, 퇴거불응, 감금 등의 범죄행위를 수반하여 형법상 별도의 범죄 구성요건을 충족시킬 경우 해당 법조 위반에 따른 형사책임을 별도로 부담한다.

(2) 형사책임의 귀속

① 노동조합

행위자책임의 원칙에 따라 사단인 노동조합은 원칙적으로 형사책임을 부담하지 않는다. 그러나 노조법 제94조에서는 법인 또는 단체의 대표자, 법인·단체 또는 개인의 대리인·사용인 기타의 종업원이 그 법인·단체 또는 개인의 업무에 관하여 노조법을 위반하여 벌칙규정의 적용을 받는 경우에는 행위자를 벌하는 외에 그 법인·단체 또는 개인에 대하여도 각 해당 조의 벌금형을 과한다고 규정하고 있다. 따라서 노동조합의 대표자 등이 노동조합의 업무에 관하여 노조법을 위반하여 형사처벌을 받는 경우 해당 법조의 벌금형을 부담할 수 있다.

② 노동조합간부

노동조합 간부가 불법쟁의행위를 결의·주도한 경우 관련 노조법 또는 형법규정 위반에 따른 공동정범의 죄책을 부담한다. 실무적으로는 불법쟁의행위의 경우 쟁의행위를 주도한 조합간부들에 대해서만 형사고소하는 것이 일반적이다.

---

55) 同旨 김형배 신판 노동법 843면

관련법령

형법 제30조 (공동정범) 2인 이상이 공동하여 죄를 범한 때에는 각자를 그 죄의 정범으로 처벌한다.

③ 일반조합원

일반조합원이 불법쟁의행위에 참가하여 폭행·협박 등 별도의 범죄행위를 범한 경우라면 해당 법조 위반에 다른 형사책임을 부담할 수 있지만, 단순히 정당성 없는 쟁의행위에 참가한 경우라면 비난가능성이 없어 관련 노조법 또는 형법규정 위반에 따른 형사책임을 묻기는 어렵다고 할 것이다.[56]

2. 민사책임

(1) 민사책임의 내용

① 채무불이행책임

쟁의행위는 근로계약상 주된 의무인 근로제공을 거부하거나 태만히 하는 것이므로, 불법쟁의행위의 경우 채무불이행에 따른 손해배상책임을 물을 수 있다(민법 제390조).

② 불법행위에 따른 손해배상 책임

불법쟁의행위의 경우 민사적으로 불법행위를 구성하므로 불법행위에 따른 손해배상책임을 물을 수 있다(민법 제750조). 실무적으로는 불법쟁의행위에 대해 불법행위에 따른 손해배상책임을 묻는 것이 일반적이다.

관련법령

민법 제750조 (불법행위의 내용) 고의 또는 과실로 인한 위법행위로 타인에게 손해를 가한 자는 그 손해를 배상할 책임이 있다.

민법 제390조 (채무불이행과 손해배상) 채무자가 채무의 내용에 좇은 이행을 하지 아니한 때에는 채권자는 손해배상을 청구할 수 있다. 그러나 채무자의 고의나 과실 없이 이행할 수 없게 된 때에는 그러하지 아니하다.

(2) 민사책임의 귀속

① 노동조합

노동조합의 간부들이 불법쟁의행위를 기획, 지시, 지도하는 등으로 주도한 경우에 이와 같은 간부들의 행위는 조합의 집행기관으로서의 행위라 할 것이므로, 이러한 경우 민법 제35조 제1항의 유추적용에 의하여 노동조합은 그 불법쟁의행위로 인하여 사용자가 입은 손해를 배상할 책임이 있다.[57]

---

56) 同旨 김형배 신판 제3판 노동법 850면
57) 대법원 1994.3.25.선고 93다32828,32835판결

② 노동조합간부

조합간부들의 행위는 일면에 있어서는 노동조합 단체로서의 행위라고 할 수 있는 외에 개인의 행위라는 측면도 아울러 지니고 있고, 일반적으로 쟁의행위가 개개 근로자의 노무정지를 조직하고 집단화하여 이루어지는 집단적 투쟁행위라는 그 본질적 특징을 고려하여 볼 때 노동조합의 책임 외에 불법쟁의행위를 기획, 지시, 지도하는 등으로 주도한 조합의 간부들 개인에 대하여도 책임을 지우는 것이 상당하다.[58]

불법쟁의행위에 대한 귀책사유가 있는 노동조합이나 불법쟁의행위를 기획·지시·지도하는 등 이를 주도한 노동조합 간부 개인이 그 배상책임을 지는 배상액의 범위는 불법쟁의행위와 상당인과관계에 있는 모든 손해이고, 그러한 노동조합 간부 개인의 손해배상책임과 노동조합 자체의 손해배상책임은 부진정 연대채무관계에 있는 것이므로 노동조합의 간부도 불법쟁의행위로 인하여 발생한 손해 전부를 배상할 책임이 있다.[59]

관련법령

민법 제35조 (법인의 불법행위능력) ①법인은 이사 기타 대표자가 그 직무에 관하여 타인에게 가한 손해를 배상할 책임이 있다. 이사 기타 대표자는 이로 인하여 자기의 손해배상책임을 면하지 못한다.

관련판례 정당성을 상실한 쟁의행위의 책임

노동조합의 간부들이 불법쟁의행위를 기획, 지시, 지도하는 등으로 주도한 경우에 이와 같은 간부들의 행위는 조합의 집행기관으로서의 행위라 할 것이므로 이러한 경우 민법 제35조 제1항의 유추적용에 의하여 노동조합은 그 불법쟁의행위로 인하여 사용자가 입은 손해를 배상할 책임이 있고, 한편 조합간부들의 행위는 일면에 있어서는 노동조합 단체로서의 행위라고 할 수 있는 외에 개인의 행위라는 측면도 아울러 지니고 있고, 일반적으로 쟁의행위가 개개 근로자의 노무정지를 조직하고 집단화하여 이루어지는 집단적 투쟁행위라는 그 본질적 특징을 고려하여 볼 때 노동조합의 책임 외에 불법쟁의행위를 기획, 지시, 지도하는 등으로 주도한 조합의 간부들 개인에 대하여도 책임을 지우는 것이 상당하다(대법 1994.3.25. 93다32828,32835).

불법쟁의행위에 대한 귀책사유가 있는 노동조합이나 불법쟁의행위를 기획·지시·지도하는 등 이를 주도한 노동조합 간부 개인이 그 배상책임을 지는 배상액의 범위는 불법쟁의행위와 상당인과관계에 있는 모든 손해이고, 그러한 노동조합 간부 개인의 손해배상책임과 노동조합 자체의 손해배상책임은 부진정 연대채무관계에 있는 것이므로 노동조합의 간부도 불법쟁의행위로 인하여 발생한 손해 전부를 배상할 책임이 있다(대법 2006.9.22. 2005다30610).

③ 일반조합원

일반 조합원이 불법쟁의행위시 노동조합 등의 지시에 따라 단순히 노무를 정지한 것만으로는 노동조합 또는 조합 간부들과 함께 공동불법행위책임을 진다고 할 수 없다. 다만, 근로자

---

58) 대법원 1994.3.25. 선고 93다32828,32835판결
59) 대법원 2006.9.22. 선고 2005다30610판결

의 근로내용 및 공정의 특수성과 관련하여 그 노무를 정지할 때에 발생할 수 있는 위험 또는 손해 등을 예방하기 위하여 그가 노무를 정지할 때에 준수하여야 할 사항 등이 정하여져 있고, 근로자가 이를 준수함이 없이 노무를 정지함으로써 그로 인하여 손해가 발생하였거나 확대되었다면, 그 근로자가 일반 조합원이라고 할지라도 그와 상당인과관계에 있는 손해를 배상할 책임이 있다.[60]

일반조합원이 불법행위책임을 부담하지 않는다 하더라도 근로계약상 노무제공을 거부하거나 해태함으로써 발생한 손해에 대한 손해배상책임을 부담한다. 그러나 이 경우는 불법행위책임과 달리 손해 전체에 대한 연대책임이 아니라 자신의 노무제공거부와 상당인과관계가 있는 손해에 국한하여 책임을 부담한다고 할 것이다.[61]

(3) 임금채권에 대한 압류 제한

급료·연금·봉급·상여금·퇴직연금, 그 밖에 이와 비슷한 성질을 가진 급여채권의 경우 2분의 1에 해당하는 금액은 압류하지 못하며,[62] 특히 그 금액이 120만원에 미치지 못하는 경우에는 120만원까지는 압류가 제한된다.[63]

관련판례 일반조합원의 불법 쟁의행위 책임

일반 조합원이 불법쟁의행위시 노동조합 등의 지시에 따라 단순히 노무를 정지한 것만으로는 노동조합 또는 조합 간부들과 함께 공동불법행위책임을 진다고 할 수 없다. 다만, 근로자의 근로내용 및 공정의 특수성과 관련하여 그 노무를 정지할 때에 발생할 수 있는 위험 또는 손해 등을 예방하기 위하여 그가 노무를 정지할 때에 준수하여야 할 사항 등이 정하여져 있고, 근로자가 이를 준수함이 없이 노무를 정지함으로써 그로 인하여 손해가 발생하였거나 확대되었다면, 그 근로자가 일반 조합원이라고 할지라도 그와 상당인과관계에 있는 손해를 배상할 책임이 있다(대법 2006.9.22, 2005다30610).

3. 징계책임

(1) 징계책임의 내용

불법쟁의행위는 통상적으로 취업규칙상 징계사유에 해당된다. 징계책임의 구체적 내용은 취업규칙에 따라 정해진다고 할 것이며, 책임정도에 따라 해고, 정직, 감봉, 견책, 경고 등의 징계책임을 부담한다.

(2) 징계책임의 귀속
① 노동조합간부

---

60) 대법원 2006.9.22.선고 2005다30610판결
61) 同늹 김형배 신판 제3판 노동법 846면
62) 민사집행법 제246조 제1조 제4호
63) 민사집행법시행령 제3조

단순히 노동조합간부라는 이유로 책임을 물을 수는 없을 것이나, 노동조합간부가 불법쟁의 행위를 기획, 지시, 지도하는 등으로 주도한 경우 해당 노동조합간부는 취업규칙상 정하여진 징계책임을 부담한다. 실무적으로도 불법쟁의행위 결의에 참여한 노동조합간부에 대하여 징계책임을 묻는 것이 일반적이다.

② 일반조합원

일반조합원의 경우 합법 · 불법에 대한 판단을 기대하기 어렵기 때문에 불법쟁의행위에 단순히 가담하였다는 이유로 징계책임을 물을 수는 없다고 본다. 다만, 일반조합원이라 하더라도 불법파업임을 명백히 인식한 경우 또는 불법파업임을 인식하지 못한 데 중대한 과실이 있는 경우라면 징계책임을 물을 수 있을 것이나, 이 경우도 불법쟁의행위를 주도한 조합간부에 비해서는 가벼운 징계책임을 물어야 할 것이다.

Ⅲ. 제3자에 대한 책임

1. 사용자의 거래상대방에 대한 채무불이행책임(이행지체 등)

(1) 사용자의 불법쟁의행위의 경우

사용자가 노동조합이 쟁의행위에 돌입하기 전에 직장폐쇄를 하는 등 불법쟁의행위를 함으로써 사용자의 거래상대방에 대해 손해를 입힌 경우, 사용자는 그 거래상대방에 대해 손해배상책임을 부담한다.

(2) 노동조합의 불법쟁의행위의 경우

① 긍정설

노동조합의 불법쟁의행위로 인한 손해라 하더라도 사용자의 세력범위 내에서 발생한 것이라는 점, 노동조합의 조합원들은 사용자의 이행보조자이므로 이들의 고의나 과실은 사용자의 고의나 과실로 볼 수 있다는 점 등의 이유를 들어 비록 노동조합의 불법쟁의행위로 인해 사용자의 거래상대방에게 손해가 발행한 경우라도 사용자는 거래상대방에게 손해배상책임을 부담하여야 한다는 견해이다.

> **관련법령**
>
> 민법 제391조 (이행보조자의 고의, 과실) 채무자의 법정대리인이 채무자를 위하여 이행하거나 채무자가 타인을 사용하여 이행하는 경우에는 법정대리인 또는 피용자의 고의나 과실은 채무자의 고의나 과실로 본다.

② 부정설

사용자의 고의 · 과실이 없는 노동조합의 불법쟁의행위로 인한 손해에 대해 사용자가 손해를 부담하여야 한다는 것은 '과실책임의 원칙'에 반하고, 쟁의행위단계에서는 조합원들이 사용자에 대해 이행보조자관계에 있다고 볼 수 없다는 등의 이유로 사용자의 손해배상책임을 부정하는 견해이다.

③ 검토

긍정설은 '과실책임의 원칙'에 반하는 문제가 있으므로 부정설의 입장이 타당하다고 본다. 다만, 노동조합의 불법쟁의행위가 사전에 예견가능하고 회피 가능한 경우였거나, 손해가 사용자의 사후조치미흡으로 인해 확대된 경우 또는 사용자가 불법쟁의행위를 유발한 경우[64]에는 사용자에게 고의 또는 과실이 있다고 할 수 있으므로 사용자의 손해배상책임을 인정할 수 있다고 본다.

2. 사용자의 일반 제3자에 대한 불법행위책임

사용자가 일반 제3자에 대해 쟁의행위를 회피하여야 할 법률상 의무를 부담하지 않으며, 설사 공익사업의 경우 공익을 보호할 의무를 규정하고 있다 하더라도 이는 개인의 구체적 이익을 보호하도록 한 규정은 아니므로 사용자는 일반 제3자에 대해서는 불법행위책임을 부담하지 않는다고 보는 것이 일반적이다.[65]

3. 노동조합의 사용자 거래상대방에 대한 불법행위책임

노동조합이 사용자의 거래상대방에 대한 채권을 고의로 직접 침해한 경우에는 불법행위에 따른 손해배상책임을 부담한다고 본다. 예를 들어 노동조합이 쟁의행위 중에 사용자의 거래상대방의 부품 납품이나 생산품 출고를 저지하는 경우에는 사용자의 거래상대방에 대한 채권침해에 따른 불법행위책임을 부담한다고 할 것이다.[66]

4. 노동조합의 일반 제3자에 대한 불법행위책임

쟁의행위가 제3자에 대해 직접 위법하게 행해진 경우 일반 제3자에 대한 불법행위책임을 부담한다. 예컨대 의료사업에서 치료를 받고자 하는 응급환자에 대한 병원출입을 저지함으로써 환자의 생명이나 건강에 치명적인 결과를 초래한 경우 불법행위책임을 부담할 수 있다고 할 것이다.[67]

---

64) 평화적인 교섭 중에 특별한 이유없이 조합간부를 해고함으로써 노동조합이 불법쟁의행위에 돌입한 경우를 대표적 예로 들 수 있다.
65) 同旨 김형배 신판 제3판 노동법 881면
66) 同旨 김형배 신판 제3판 노동법 881면
67) 同旨 김형배 신판 제3판 노동법 882면

Chapter 8

노동쟁의의 조정

제1절 사적조정

Ⅰ. 조정전치주의

1. 의의

(1) 노동쟁의는 노사의 자주적 해결을 원칙으로 한다. 그러나 노사의 자주적 해결이 어려울 경우 제3자가 개입하여 신속·공정하게 조정함으로써 노사분쟁의 장기화를 방지하여 당사자 자신의 손실과 국민경제의 피해를 최소화할 필요성이 있다.

(2) 이를 해결하기 위한 제도가 노동쟁의 조정제도로서, 현행법에서는 당사자 쌍방의 합의 또는 단체협약이 정하는 바에 따라 행해지는 사적조정·중재절차와 노동위원회를 통한 조정, 중재, 긴급조정 등 여러 제도를 마련하고, 이와 아울러 쟁의행위는 반드시 조정절차를 거친 후에 행하도록 하는 조정전치주의를 채택하고 있다(노조법 제45조 제2항).

2. 조정의 원칙

(1) 자주적 해결의 원칙

노동관계 당사자는 단체협약에 노동관계의 적정화를 위한 노사협의 기타 단체교섭의 절차와 방식을 규정하고 노동쟁의가 발생한 때에는 이를 자주적으로 해결하도록 노력하여야 한다(노조법 제48조).

(2) 신속한 처리의 원칙

국가 및 지방자치단체는 노동관계 당사자 간에 노동관계에 관한 주장이 일치하지 아니할 경우에 노동관계 당사자가 이를 자주적으로 조정할 수 있도록 조력함으로써 쟁의행위를 가능한 한 예방하고 노동쟁의의 신속·공정한 해결에 노력하여야 한다(노조법 제49조). 또한 노조법에 의하여 노동관계의 조정을 할 경우에는 노동관계 당사자와 노동위원회 기타 관계기관은 사건을 신속히 처리하도록 노력하여야 한다(노조법 제50조).

(3) 공정성의 원칙

노동쟁의의 조정은 당사자가 모두 납득할 수 있도록 공정하게 이루어져야 한다. 그렇지 않으면 노사 간의 분쟁을 재발시킬 우려가 있기 때문이다. 따라서 노사관계 당사자 양측이 모두 이해하고 양측의 불만을 최소화시키는 수준에서 조정이 이루어져야 한다. 이와 관련하여 노조법은 노동쟁의의 공정한 조정을 그 목적으로 하고 있으며(법 제1조), 국가 및 지방자치단체에 대해 노동쟁의의 공정한 해결에 노력할 의무를 부과하고 있다(법 제49조).

(4) 공익성의 원칙

노동쟁의조정에서는 당사자의 사적 이익뿐만 아니라, 국가적인 공익의 측면도 고려하여 양자를 조화·균형 시켜야 한다. 법 제1조에서 산업평화의 유지와 국가경제의 발전을 노동쟁의조정의 목적으로 삼고 있으며, 노동위원회의 위원에 공익위원을 포함시키는 것도 이러한 취지라고 할 것이다.

3. 조정의 종류

(1) 주체에 의한 분류

노동쟁의의 조정업무를 담당하는 주체가 국가기관인 공적조정과 개인이나 사적 단체가 되는 사적조정이 있다.

(2) 개시요건에 의한 분류

노사관계 당사자의 요구에 의하여 진행되는 임의조정과 국가기관에 의하여 강제로 진행되는 강제조정이 있다.

(3) 수락의 임의성에 의한 분류

조정기관의 조정안 수락이 임의적인 조정(調停)과 당사자에게 수락여부 결정권이 없고 조정안에 구속되는 중재가 있다.

(4) 조정의 방식에 의한 분류

당사자 양측의 주장을 절충하는 절충식 조정과 양측안 중 선택적으로 택일하는 택일식 조정이 있다.

4. 조정의 대상

(1) 문제의 제기

조정의 대상은 노동쟁의이다. "노동쟁의"라 함은 노동조합과 사용자 또는 사용자단체(이하 "노동관계 당사자"라 한다)간에 임금·근로시간·복지·해고 기타 대우 등 근로조건의 결정에 관한 주장의 불일치로 인하여 발생한 분쟁상태를 말한다(노조법 제2조 제5호). 여기서 근로조건이 아닌 집단적 노사관계에 관한 사항이 조정의 대상이 될 수 있는지와 이익분쟁이 아닌 권리분쟁의 경우도 조정이 대상이 될 수 있는지와 관련하여 견해가 나뉘고 있다.

(2) 집단적 노사관계에 관한 사항

노동쟁의의 대상은 '근로조건'의 결정의 결정에 관한 주장의 불일치로 인하여 발생한 분쟁상태로 규정되어 있는 바, 여기서 근로조건은 노동쟁의의 대상을 한정한 것이고, 노조전임자나 근무시간 중의 조합활동 등 집단적 노사관계에 관한 분쟁은 해당되지 아니한다는 견해[68]와 법문상의 '근로

---

68) 김유성 220면

조건'은 어디까지나 예시적인 것이며 집단적 노사관계는 근로조건과 불가분의 관계에 있는 범위 내에서 단체교섭의 대상으로서의 노동쟁의의 대상이 된다고 본다는 견해[69]가 있으나 판례[70]는 집단적 노사관계에 관한 사항은 노동쟁의의 조정의 대상이 되지 않는다고 보고 있다.

관련판례 중재재정의 대상

중재절차는 원칙적으로 노동쟁의가 발생한 경우에 노동쟁의의 대상이 된 사항에 대하여 행하여지는 것이고, 노동조합및노동관계조정법 제2조 제5호에서는 노동쟁의를 '노동조합과 사용자 또는 사용자 단체 간에 임금·근로시간·복지·해고 기타 대우 등 근로조건의 결정에 관한 주장의 불일치로 인하여 발생한 분쟁상태'라고 규정하고 있으므로 근로조건 이외의 사항에 관한 노동관계 당사자 사이의 주장의 불일치로 인한 분쟁상태는 근로조건의 결정에 관한 분쟁이 아니어서 현행법상의 노동쟁의라고 할 수 없고, 특별한 사정이 없는 한 이러한 사항은 중재재정의 대상으로 할 수 없다 할 것이다(대법 2003.7.25, 2001두4818).

(3) 권리분쟁 사항

이익분쟁이란 근로조건의 기준에 관한 권리의 형성·유지·변경 등을 둘러싼 분쟁으로 임단협 갱신·체결 관련 분쟁 등을 말하며, 권리분쟁이란 법령·단체협약·취업규칙 등에 의하여 이미 확정된 권리에 관한 노사 간의 해석·적용·이행 등을 둘러싼 분쟁으로 단체협약 해석·이행 관련 분쟁 등을 말한다. 1996.12.30. 법 개정시 노동쟁의의 정의를 근로조건의 결정에 관한 사항(이익분쟁)으로 한정함으로써 권리분쟁은 노동쟁의의 대상에서 제외하였다. 따라서 권리분쟁은 사법기관을 통해서만 해결이 가능하며, 조정을 신청할 수 없고 쟁의행위도 불가하다.

5. 조정전치의 절차

(1) 사적조정에서의 조정전치

현행법에서는 노사자치주의에 입각해 사적조정제도를 원칙으로 공적조정에 우선하여 적용하고 있다. 그러나 사적조정의 경우에도 조정전치주의가 적용되는 바, 노동관계 당사자가 쌍방의 합의 또는 단체협약에 의해 사적조정절차를 밟기로 한 경우 그에 따라 조정절차를 거친 후 쟁의행위를 할 수 있다.[71]

(2) 공적조정에서의 조정전치

공적기관인 노동위원회에서 조정하는 것으로, 사적 조정절차에 대해 단체협약상 규정이 없거나 노사관계 당사자 간 사적조정절차를 밟기로 하는 별도의 합의가 없는 경우 당사자 일방의 신청에 의해 이루어진다.

---

69) 임종률 174면

70) 대법원 2003. 7. 25. 선고 2001두4818판결

71) 대판 2001.6.26, 2000도2871,99노534

(3) 쟁의행위 금지기간

① 조정의 경우 관계당사자의 일방이 조정이 신청이 있은 날로부터 일반사업에 있어서는 10일, 공익사업에 있어서는 15일이며, 이 기간은 당사자 간의 합의로 연장이 가능하다(노조법 제54조). 중재의 경우 노동쟁의가 중재에 회부된 때에는 그 날로부터 15일이 경과한 후에 쟁의행위를 할 수 있다(노조법 제63조). 사적 조정시 그 기산일은 조정을 개시한 날, 중재를 개시한 날로 한다.

② 조정절차가 개시된 이후 조정중재가 성사되지 아니하더라도 위와 같은 기간이 경과하면 쟁의행위를 할 수 있다.

6. 조정전치를 위반한 쟁의행위

판례[72]와 다수 학설[73]은 조정전치주의를 위반한 경우라 하여 쟁위행위의 정당성이 당연히 상실되는 것은 아니라고 본다. 특히 교섭미진에 따른 추가교섭을 권고하는 노동위원회의 행정지도를 무시하고 쟁의행위로 나아간 사안에서 대법원은 절차적 정당성을 인정한 바 있다.[74] 다만, 조정전치를 위반할 경우 이에 대해서는 노조법상 처벌을 받을 수 있다.

> **관련판례** 조정전치주의의 효력
>
> 노동조합이 노동위원회에 노동쟁의 조정신청을 하여 조정절차가 마쳐지거나 조정이 종료되지 아니한 채 조정기간이 끝나면 노동조합은 쟁의행위를 할 수 있는 것으로 노동위원회가 반드시 조정결정을 한 뒤에 쟁의행위를 하여야지 그 절차가 정당한 것은 아니다(대법 2001.6.26, 2000도2871).

II. 사적조정

1. 의의

(1) 사적조정제도는 노동위원회에 의한 공적조정이 아니라 노사당사자 쌍방의 합의 또는 단체협약이 정하는 바에 따라 공적조정과 다른 조정 또는 중재방법에 의하여 분쟁을 해결하는 제도를 말한다.

(2) 사적조정제도는 단체교섭의 연장으로서의 성격을 가지며, 노사당사자의 의사를 반영할 수 있는 분쟁해결방법이라는 측면에서 노사자치주의에 부합하는 제도라 할 것이다.

---

72) 대판 1991.5.14, 90누4006, 대판 1995.5.26, 94누7966 등은 조정전치 절차를 밟지 않았다는 것만으로 정당성을 상실하는 것은 아니라고 본다.
73) 김유성 244면, 이병태 355면, 임종률 220면
74) 대판 2001. 6. 26. 선고 2000도2871

2. 개시요건

(1) 당사자 쌍방의 합의 또는 단체협약의 규정

    ① 법 규정

        사적조정을 통해 노동쟁의를 해결하기 위해서는 노사당사자 쌍방이 사적조정을 받기로 합의를 하거나 단체협약의 규정이 있어야 한다(제52조 제1항).

    ② 방법

        (가) 사적조정제도의 형태는 법에 규정된 조정 및 중재의 형태와 일치하지 아니하여도 무방하다.

        (나) 따라서 당사자는 내용·절차·시기 및 조정기구 등의 모든 측면에서 쌍방의 합의 또는 단체협약의 규정에 의해 법상의 공적조정과는 다른 조정·중재절차를 채택할 수 있으며 이 중 어느 절차를 생략할 수도 있다.

(2) 노동위원회에의 신고

    사적조정제도를 이용한다는 사실을 노사당사자가 노동위원회에 신고하여야 한다(제52조 제2항). 공적조정을 하는 도중에 사적조정으로 전환할 때에도 그 사실을 신고하여야 한다.

3. 내 용

(1) 사적조정인 자격

    노사 당사자 쌍방의 합의나 단체협약 내에 규정하고 있는 경우 조정이 개시되었을 때 조정을 위한 조정위원을 선임할 수 있다. 사적조정인은 지방노동위원회 조정담당공익위원 자격을 가진 자 중에서 노사 간의 합의로 선임할 수 있다. 2006.12.30. 개정 노조법은 "사적조정 등을 수행하는 자는 노동관계 당사자로부터 수수료, 수당 및 여비 등을 받을 수 있다"는 규정(법 제52조 제5항)을 신설함으로써 사적조정이 활성화될 수 있는 계기를 마련하였다.

(2) 조정의 대상

    사적조정의 대상은 노사 당사자가 자율적으로 정할 수 있다. 즉, 사적조정은 공적조정과 달리 근로조건의 결정에 관한 사항이 아니더라도 그 대상으로 할 수 있다. 따라서 예를 들면 권리분쟁사항도 사적조정의 대상이 될 수 있다고 할 것이다.

(3) 조정의 절차

    ① 노사 당사자는 조정·중재의 모든 절차를 채택할 수 있으며, 이 중 어느 절차를 생략할 수도 있다. 노동쟁의를 사적조정에 의하여 해결하기로 한 때에도 조정전치주의가 적용됨은 물론이다.

    ② 다만, 긴급조정절차는 사적조정절차의 대상이 될 수 없으며, 필수공익사업의 경우 사적조정절차가 채택되어 있더라도 직권중재회부결정이 내려졌다면, 이에 따라야 한다(제62조 제3호).

(4) 쟁의행위의 금지기간

① 사적조정의 경우

사적조정에 의하여 해결하기로 한 때에는 조정을 개시한 날부터 기산하여 일반사업에 있어서는 10일, 공익사업에 있어서는 15일이 경과하지 아니하고서는 쟁의행위를 할 수 없다.[75]

② 사적중재의 경우

사적중재에 의하여 해결하기로 한 때에는 일반사업 · 공익사업 구분 없이 중재를 개시한 날부터 기산하여 15일간 쟁의행위를 할 수 없다.

(5) 공적조정절차와의 관계

① 사적조정기구에 의하여 노동쟁의가 해결되지 아니한 경우에 당사자는 언제라도 공적조정을 신청할 수 있다(영 제23조 제3항). 이 경우 다시 조정 내지 중재시 쟁의행위금지기간이 새로이 기산되는 것이 아니다.

② 노동쟁의 발생신고를 노동위원회에 하여 사적조정에 관한 의사표시없이 공적조정을 개시한 이후라도 그 노동위원회에 신고하여 사적조정을 받을 수도 있다(영 제23조 제2항).

4. 법적 효과

(1) 사적 조정이 이루어진 경우

사적조정에 의하여 조정 또는 중재가 이루어진 경우에 그 내용은 단체협약과 동일한 효력을 가진다(제52조 제4항). 따라서 이 때 부터 노동관계당사자는 그에 따르는 권리와 의무가 발생되며 노동조합측은 평화의무와 사용자측은 협약준수의무를 부담한다.

(2) 사적 조정이 결렬된 경우

① 사적조정절차가 결렬되어 성과 없이 종료한 경우에는 조정기간의 경과로 당사자는 언제든지 쟁의행위를 개시할 수 있다.

② 공적조정절차에 의한 조정 · 중재를 하여줄 것을 관할 노동위원회에 신청할 수 있다.

---

75) 공익사업의 경우 사적조정이 적용되지 아니하는 것으로 판단할 소지가 있기 때문에 그에 따를 경우 공익사업은 해당이 없을 수 있다.

관련법조문

노조법 제52조 (사적 조정 · 중재)

① 제2절 및 제3절의 규정은 노동관계 당사자가 쌍방의 합의 또는 단체협약이 정하는 바에 따라 각각 다른 조정 또는 중재방법(이하 이 조에서 "사적조정등"이라 한다)에 의하여 노동쟁의를 해결하는 것을 방해하지 아니한다(제4절이 공익사업에 관한 내용임)

제2절 공적조정 및 긴급조정

Ⅰ. 공적조정

1. 조 정

(1) 의 의

> ① 노동위원회는 관계당사자의 일방이 노동쟁의의 조정을 신청한 때에는 지체 없이 조정을 개시하여야 하며 관계당사자 쌍방은 이에 성실히 임하여야 한다(제53조 제1항).
> ② 노동위원회는 제1항에 따른 조정신청 전이라도 원활한 조정을 위하여 교섭을 주선하는 등 관계 당사자의 자주적인 분쟁해결을 지원할 수 있다(동조 제2항).

① 조정이란 노동위원회에 설치된 조정위원회가 관계당사자의 의견을 청취한 뒤 조정안을 작성하여 노사 쌍방에게 그 수락을 권고하는 형식의 조정방법을 말한다. 조정은 노사의 자주적 해결의 정신을 기초로 하고 있으므로 권고가 강제적이 아니며, 당사자들은 조정안에 구속되지 아니한다.

② 노동위원회는 적극적으로 분쟁 조정서비스를 제공하기 위하여 조정신청 전이라도 원활한 조정을 위하여 교섭을 주선하는 등 관계 당사자의 자주적인 분쟁 해결을 지원할 수 있다.

(2) 조정의 개시요건

① 노동위원회는 관계당사자의 일방이 노동쟁의의 조정을 신청한 때에는 지체 없이 조정을 개시하여야 하며 관계 당사자 쌍방은 이에 성실히 임하여야 한다(제53조 제 1항).

② 노동위원회는 제 1항에 따른 조정신청 전이라도 원활한 조정을 위하여 교섭을 주선하는 등 관계 당사자의 자주적인 분쟁해결을 지원할 수 있다(동조 2항).

③ 고용노동부장관이 긴급조정의 결정을 한 때에도 조정절차는 자동적으로 개시된다(제78조).

(3) 조정기간

① 법규정

㈎ 조정은 조정의 신청이 있은 날부터 일반사업에 있어서는 10일, 공익사업에 있어서는 15일 이내에 종료하여야 한다(제54조 제1항).

㈏ 위의 조정기간은 관계 당사자 간의 합의로 일반사업에 있어서는 10일, 공익사업에 있어서는 15일 이내에서 이를 연장할 수 있다(동조 제2항).

② 조정기간과 쟁의행위

노동조합이 노동위원회에 노동쟁의 조정신청을 하여 조정절차가 마쳐지거나 조정이 종료되지 아니한 채 조정기간이 경과하면 노동조합은 쟁의행위를 할 수 있는 것으로(노조법 제45조

제2항 단서), 노동위원회가 반드시 조정결정을 한 뒤에 쟁의행위를 하여야지 그 절차가 정당한 것은 아니다. [76]

(4) 조정기관

① 조정위원회

㈎ 조정은 노동위원회에 특별히 구성된 조정위원회가 담당한다(제55조 제1항).

㈏ 조정위원회는 조정위원 3인으로 구성한다(동조 제2항).

㈐ 조정위원은 당해 노동위원회의 위원 중에서 사용자를 대표하는 자, 근로자를 대표하는 자 및 공익을 대표하는 자 각 1인을 그 노동위원회의 위원장이 지명하되, 근로자를 대표하는 조정위원은 사용자가, 사용자를 대표하는 조정위원은 노동조합이 각각 추천하는 노동위원회의 위원 중에서 지명하여야 한다. 다만, 조정위원회의 회의 3일전까지 관계당사자가 추천하는 위원의 명단제출이 없을 때에는 당해 위원을 위원장이 따로 지명할 수 있다(동조 제3항).

㈑ 노동위원회의 위원장은 근로자 또는 사용자를 대표하는 위원의 불참 등으로 인하여 조정위원회의 구성이 어려운 경우 공익위원만으로 조정위원회를 구성할 수 있도록 노동위원회의 공익을 대표하는 위원 중에서 3인을 조정위원으로 지명할 수 있다. 다만, 관계 당사자 쌍방의 합의로 선정한 노동위원회의 위원이 있는 경우에는 그 위원을 조정위원으로 지명한다(동조 제4항).

㈒ 조정위원회 위원장은 공익을 대표하는 조정위원이 된다. 다만, 제55조제4항에 따른 조정위원회의 위원장은 조정위원 중에서 호선한다(제56조 제2항).

② 단독조정

㈎ 노동위원회는 관계 당사자 쌍방의 신청이 있거나 관계 당사자 쌍방의 동의를 얻은 경우에는 조정위원회에 갈음하여 단독 조정인에게 조정을 행하게 할 수 있다(제57조 제1항).

㈏ 단독조정인은 당해 노동위원회의 위원 중에서 관계 당사자의 쌍방의 합의로 선정된 자를 그 노동위원회의 위원장이 지명한다(동조 제2항).

㈐ 이는 노사분쟁의 해결을 신속하게 하기 위함이라 할 수 있다.

③ 특별조정위원회

㈎ 공익사업의 쟁의조정을 위하여 노동위원회에 특별조정위원회를 둔다(제72조 제1항).

㈏ 특별조정위원회는 특별조정위원 3인으로 구성한다. 특별조정위원은 그 노동위원회의 공익을 대표하는 위원 중에서 노동조합과 사용자가 순차적으로 배제하고 남은 4인 내지 6인 중에서 노동위원회의 위원장이 지명한다. 다만, 관계 당사자가 합의로 당해 노동위원회의 위원이 아닌 자를 추천하는 경우에는 그 추천된 자를 지명한다(제71조 제2항).

---

76) 대법원 2001. 6. 26. 선고 2000도2871판결

(5) 조정활동

① 회의

㈎ 조정위원회의 위원장은 조정위원회의 회의를 소집하고 그 의장이 된다(노위법 제16조 제1
항·제2항).

㈏ 조정위원회는 구성위원 전원의 출석으로 개의하고 출석위원 과반수의 찬성으로 의결한
다. 이 경우 회의에 참여한 위원은 그 의결사항에 서명·날인하여야 한다(동법 제17조).

② 주장의 확인과 출석 금지

㈎ 조정위원회 또는 단독조정인은 기일을 정하여 관계 당사자 쌍방을 출석하게 하여 주장의
요점을 확인하여야 한다(제58조).

㈏ 조정위원회의 위원장 또는 단독조정인은 관계 당사자와 참고인 외의 자의 출석을 금할 수
있다(제59조).

③ 조정안의 작성

㈎ 조정위원회 또는 단독조정인은 조정안을 작성하여 이를 관계당사자에게 제시하고 그 수
락을 권고하는 동시에 그 조정안에 이유를 붙여 공표할 수 있으며, 필요한 때에는 신문 또
는 방송에 보도 등 협조를 요청할 수 있다(제60조 제1항).

㈏ 조정위원회 또는 단독조정인은 관계 당사자가 수락을 거부하여 더 이상 조정이 이루어질
여지가 없다고 판단되는 경우에는 조정의 종료를 결정하고 이를 관계 당사자 쌍방에 통보
하여야 한다(동조 제2항).

㈐ 조정절차가 진행되는 도중이라도 조정기간이 경과되면 관계당사자는 언제든지 쟁의행위
를 할 수 있다(제45조 제2항).

④ 조정 종료 결정 후의 조정

㈎ 노동위원회는 조정의 종료가 결정된 후에도 노동쟁의의 해결을 위하여 조정을 할 수 있다
(제61조의2 제1항).

㈏ 이 경우 동일한 조정절차가 새로이 진행된다(동조 제2항).

(6) 조정의 효력

① 조정안이 관계당사자에 의하여 수락된 때에는 조정위원 전원 또는 단독조정인은 조정서를
작성하고 관계당사자와 함께 서명 또는 날인하여야 한다(제61조 제1항).

② 조정서의 효력은 단체협약과 동일한 효력을 가진다(동조 제2항).

2. 중재

(1) 의의

① 중재란 노동위원회에 설치된 중재위원회가 노동쟁의의 해결조건을 정한 해결안(중재재정)을
작성하면, 당사자는 무조건 그 해결안에 구속되는 조정방법으로서, 조정과는 달리 중재위원
회에서 내린 중재재정이 관계당사자를 구속하게 된다.

② 중재에는 임의중재와 강제중재가 있는데, 임의 중재는 관계당사자의 신청이 있을 때에 중재 절차가 개시되는 중재이며, 강제중재는 관계 당사자의 신청 없이 강제적으로 중재절차가 개시되는 중재이나 2008.1.1.부터 폐지되는 대신 대체근로허용요건이 완화되고 필수유지업무제도가 신설되었다.

(2) 중재개시의 요건

> 다음 각 호의 어느 하나에 해당하는 때에는 중재를 행한다.
> ① 관계당사자의 쌍방이 함께 중재를 신청을 한 때(제62조 제1호)
> ② 관계당사자의 일방이 단체협약에 의하여 중재를 신청한 때(동조 제2호)

(3) 중재 시의 쟁의행위의 금지
　　① 노동쟁의가 중재에 회부된 때에는 그 날부터 15일간은 쟁의행위를 할 수 없다(제63조).
　　② 조정을 받다 중재에 회부된 경우 다시 15일이 경과하지 않으면 쟁의행위를 할 수 없다.

(4) 중재위원회
　　① 노동쟁의의 중재 또는 재심을 위하여 노동위원회에 중재위원회를 둔다(제64조 제1항).
　　② 중재위원회는 중재위원 3인으로 구성한다(동조 제2항).
　　③ 중재위원은 당해 노동위원회의 공익을 대표하는 위원 중에서 관계당사자의 합의로 선정한 자에 대하여 그 노동위원회의 위원장이 지명한다. 다만, 관계당사자간에 합의가 성립되지 아니한 경우에는 노동위원회의 공익을 대표하는 위원 중에서 지명한다(동조 제3항).
　　④ 위원장은 중재위원 중에서 호선한다(제65조 제2항).

(5) 중재활동
　　① 회의
　　　　㈎ 중재위원회의 위원장은 중재위원회의 회의를 소집하고 그 의장이 된다(노위법 제16조 제1항·제2항).
　　　　㈏ 중재위원회는 구성위원 전원의 출석으로 개의하고, 출석위원 과반수의 찬성으로 의결한다. 이 경우 회의에 참여한 위원은 그 의결사항에 서명 또는 날인하여야 한다(동법 제17조).
　　② 주장의 확인
　　　　중재위원회는 기일을 정하여 관계 당사자 쌍방 또는 일방을 중재위원회에 출석하게 하여 주장의 요점을 확인하여야 한다(제66조 제1항).
　　③ 의견진술
　　　　관계당사자가 지명한 노동위원회의 사용자를 대표하는 위원 또는 근로자를 대표하는 위원은 중재위원회의 동의를 얻어 그 회의에 출석하여 의견을 진술할 수 있다(동조 제2항).

④ 출석금지

중재위원회의 위원장은 관계당사자와 참고인 이외의 자의 회의출석을 금할 수 있다(제67조).

(6) 중재의 효력

① 중재재정

중재재정은 서면으로 작성하여 이를 행하며, 그 서면에는 효력발생 기일을 명시하여야 한다(제68조 제1항).

② 중재재정의 재심 및 행정소송

㉮ 관계당사자는 지방노동위원회 또는 특별노동위원회의 중재재정이 위법이거나 월권에 의한 것이라고 인정하는 경우에는 그 중재재정서의 송달을 받은 날부터 10일 이내에 중앙노동위원회에 그 재심을 신청할 수 있다(제69조 제1항).

㉯ 관계당사자는 중앙노동위원회의 중재재정이나 재심결정이 위법이거나 월권에 의한 것이라고 인정하는 경우에는 행정소송법 제20조의 규정에 불구하고 그 중재재정서 또는 재심결정서의 송달을 받은 날부터 15일 이내에 행정소송을 제기할 수 있다(동조 제2항).

㉰ 중재재정의 내용이 불만스럽다거나 어느 일방에게 불리하여 부당하거나 불합리하다는 것만으로는 재심신청이나 행정소송의 제기를 할 수 없다.[77]

③ 중재재정의 확정

㉮ 소정기간 내에 재심신청 또는 행정소송을 제기하지 아니한 때에는 그 중재재정 또는 재심결정은 확정된다(동조 제3항).

㉯ 중재재정이나 재심결정이 확정된 때에는 관계당사자는 이에 따라야 하고(동조 제4항), 이를 위반하면 벌칙이 적용된다(제90조).

④ 중재재정의 효력

㉮ 중재재정에 대해서는 단체협약과 동일한 효력이 부여된다. 확정되기 전 중재재정의 효력에 논란이 있었으나, 법 개정에 의해 '확정된'을 삭제하여 "중재재정의 내용은 단체협약과 동일한 효력을 가진다"(제70조 제1항)라고 명확히 규정하였다. 따라서 중재재정은 확정여부와 관계없이 단체협약과 동일한 효력을 가진다.

㉯ 노동위원회의 중재재정 또는 재심결정은 중앙노동위원회에의 재심신청 또는 행정소송의 제기에 의하여 그 효력이 정지되지 아니한다(동조 제2항).

Ⅱ. 긴급조정

조정 · 중재가 통상의 노동쟁의의 조정방법이라고 한다면 긴급조정은 비상시의 쟁의조정방법이라고 할 수 있고, 전자가 앞으로 발생할 쟁의행위의 예방조치라고 한다면 후자는 이미 발생한 쟁의행위의 중지조치이다.

---

77) 대판 1992. 7. 14, 91누8944; 대판 1997. 12. 26, 96누10669.

1. 법 규정

긴급조정이란 쟁의행위가 공익사업에 관한 것 또는 그 규모가 크거나 그 성질이 특별한 것으로서, 현저히 국민경제를 해하거나 국민의 일상생활을 위태롭게 할 위험이 현존하는 경우에 그 쟁의행위를 일시 중지시키고 긴급하게 조정할 것을 결정하여 행하는 조정을 말한다(제76조 제1항).

2. 요건

(1) 실질적 요건

① 긴급조정은 당해 쟁의행위가 공익사업에 관한 것이거나, 그 규모가 크거나, 그 성질이 특별한 것이어야 한다.

② 긴급조정은 이상의 요건을 갖춘 것으로서 현저히 국민경제를 해하거나 국민의 일상생활을 위태롭게 할 위험이 현존하는 때에 한한다(제76조 제1항).

③ 따라서 위험의 현저성이 추상적인 것이 아니고 구체적이어야 하며, 그 위험이 현실적으로 존재해야 된다.

(2) 형식적 요건

① 고용노동부장관이 긴급조정의 결정을 하고자 할 때에는 미리 중앙노동위원회 위원장의 의견을 들어야 한다(제76조 제2항).

② 긴급조정의 결정권자는 고용노동부장관이다. 여기에서 고용노동부장관이 중앙노동위원회 위원장의 의견을 들어야 한다는 것은 중앙노동위원회 위원장의 의견을 존중하여야 한다는 뜻이며, 그 의견에 구속된다는 것은 아니다.

3. 긴급조정의 절차

(1) 공표와 통고

① 고용노동부장관은 긴급조정을 결정한 때에는 지체 없이 그 이유를 붙여 이를 공표함과 동시에 중앙노동위원회와 관계당사자에게 각각 통고하여야 한다(동조 제3항).

② 또한 긴급조정결정의 공표는 신문·라디오 또는 기타 공중이 신속히 알 수 있는 방법으로 하여야 한다(영 제32조).

(2) 조정개시

중앙노동위원회는 고용노동부장관의 통고를 받으면 지체 없이 조정을 개시하여야 한다(제78조).

(3) 중재에의 회부결정 및 개시

① 중재회부결정

중앙노동위원회는 조정이 성립할 가능성이 없다고 인정되는 경우에는 긴급조정결정의 통고를 받은 날부터 15일 이내에 공익위원의 의견을 들어 중재에의 회부여부를 결정하여야 한다(제79조).

② 중재개시

중앙노동위원회는 당해 관계당사자의 일방 또는 쌍방으로부터 중재신청이 있거나 제79조의 규정에 의한 중재회부의 결정을 한 때에는 지체 없이 중재를 행하여야 한다(제80조).

4. 긴급조정의 효과

(1) 쟁의행위의 중지

긴급조정이 공표된 때에는 관계당사자는 즉시 쟁의행위를 중지하여야 하며, 기산일인 공표일부터 30일이 경과하지 아니하면 쟁의행위를 재개할 수 없다(제77조).

(2) 조정안과 중재재정의 효력

긴급조정에 의하여 조정안이 관계당사자에 의하여 수락되거나 또는 중재재정이 내려지면 조정안과 중재재정은 단체협약과 동일한 효력을 가진다(제61조, 제70조).

(3) 행정소송의 제기

현실적으로 긴급조정의 절차를 개시할 만한 실질적 요건이 구비되어 있지 아니함에도 불구하고 고용노동부장관이 긴급조정의 결정을 내린 때에는 행정소송으로 이를 다툴 수 있다. 또한 긴급조정의 결정이 위법한 경우에는 이 결정에 반하여 쟁의행위를 했더라도 법규위반의 쟁의행위라 할 수 없다.

제3절 공익사업의 조정

Ⅰ. 공익사업과 필수 공익사업

1. 서설

(1) 일반사업보다도 공익사업의 쟁의행위는 국민의 일상생활과 국민경제에 미치는 영향이 크기 때문에 법에서는 공익사업의 노동쟁의를 신속하게 해결하기 위하여 많은 특칙을 두면서 일반사업의 경우보다 많은 제한을 하고 있다.

(2) 공익사업과 필수공익사업의 개념을 분리하여 필수공익사업은 공익사업 중에서 파업이 발생할 경우 공중의 일상생활 및 국민경제에 대한 위해가 즉각적으로 나타나고, 대체수단도 존재하지 않는 사업을 선정하였다.

(3) 필수공익사업에 한하여 노동쟁의의 조정이 실패할 경우 직권으로 중재에 회부할 수 있는 강제중재제도(제62조 제3호)[78]는 당사자 의사와는 무관하게 강제적으로 개시되어 협약자치의 원칙을 침해하는 위헌적인 소지가 있기에 이를 폐지하고, 그 대신 필수공익사업은 필수유지업무의 정폐·방해를 금지(제42조의2 제2항)하면서 대체근로허용요건을 완화(제43조 제3항, 제4항)하는 것으로 법을 개정하였다(2008.1.1.부터 시행).

Ⅱ. 공익사업과 필수공익사업의 범위

1. 법 규정

(1) 공익사업의 범위

> 이 법에서 "공익사업"이라 함은 공중의 일상생활과 밀접한 관련이 있거나 국민경제에 미치는 영향이 큰 사업으로서 다음 각 호의 사업을 말한다(제71조 제1항).
> 1. 정기노선 여객운수사업 및 항공운수사업
> 2. 수도사업, 전기사업, 가스사업, 석유정제사업 및 석유공급사업
> 3. 공중위생사업, 의료사업 및 혈액공급사업
> 4. 은행 및 조폐사업
> 5. 방송 및 통신사업

---

[78] 필수공익사업에 있어서 노동위원회 위원장이 특별조정위원회의 권고에 의하여 중재에 회부한다는 결정을 한 때에는 노동위원회가 행하는 중재를 말한다.

(2) 필수공익사업의 범위

> 이 법에서 "필수공익사업"이라 함은 제1항의 공익사업으로서 그 업무의 정지 또는 폐지가 공중의 일상생활을 현저히 위태롭게 하거나 국민경제를 현저히 저해하고 그 업무의 대체가 용이하지 아니한 다음 각호의 사업을 말한다(제71조 제2항).
> 1. 철도사업, 도시철도사업 및 항공운수사업
> 2. 수도사업, 전기사업, 가스사업, 석유정제사업 및 석유공급사업
> 3. 병원사업 및 혈액공급사업
> 4. 한국은행사업
> 5. 통신사업

2. 범위 확대

그동안 필수공익사업의 포함 필요성이 제기된 사업 중 생명, 신체의 안전 등과 관련된 혈액공급사업(혈액공급이 중단될 경우 공중의 생명 등에 직접적 피해를 주므로 포함 필요)과 항공운수사업(항공운수사업은 국민의 일상생활에 필수적인 요소이며 다른 운송수단으로 대체가 어려운 점을 감안)을 추가하여 규정하였다.

Ⅲ. 쟁의행위의 제한

1. 필수유지업무제도의 도입

(1) 쟁의행위 기간 중 필수유지업무 수행 의무 부과

필수공익사업의 업무 중 그 업무가 정지되거나 폐지되는 경우 공중의 생명·건강, 신체의 안전 또는 공중의 일상생활을 현저히 위태롭게 하는 업무를 '필수유지업무'로 정하고(제42조의2 제1항), 쟁의행위 기간 중 필수유지업무의 정당한 유지·운영을 정지·폐지 또는 방해하는 행위를 하지 못하도록 하였다(동조 제2항).

(2) 필수유지업무의 내용

법률에 규정된 필수유지업무의 기준을 토대로 대통령령에서 필수유지업무의 내용을 구체화하도록 하며, 대통령령에서 업무의 특성 등을 고려, 공익사업별 필수유지 업무 내용 규정하였다(시행령 별표 1 참조).

(3) 필수유지업무협정의 체결

노사는 법령에 제시된 기준을 토대로 필수유지업무의 필요 최소한의 유지·운영 수준, 대상 직무, 필요인원 등을 노사협정(필수유지업무 협정)으로 체결하여야 한다(제42조의3). 예컨대, 병원사업의 경우 '응급실, 중환자실, 수술실 업무 및 이와 관련된 지원 업무를 유지하기 위해 필요인력 근무 등"으로 협정을 체결할 수 있을 것이다.

(4) 노동위원회의 결정

노사간에 협정이 체결되지 않을 경우, 관계 당사자 일방 또는 쌍방이 노동위원회에 신청하여 노동위원회가 결정하여 필수유지업무의 구체적인 범위를 정할 수 있다(제42조의4).

(5) 노동위원회의 결정에 따른 쟁의행위

노사 당사자가 노동위원회의 결정에 따라 쟁의행위를 한 경우 필수유지업무의 정당한 유지·운영을 하면서 쟁의행위를 한 것으로 볼 수 있다(제42조의5).

(6) 사업장에서의 필수유지업무 수행

노동조합이 사용자에게 근무자를 통보하고, 사용자는 이에 따라 근로자를 지명하여 필수유지 업무를 수행하게 할 수 있다(제42조의6).

2. 대체근로허용요건 완화

(1) 의의

최근 필수공익사업의 강제중재제도가 폐지됨에 따라 필수공익사업 중 필수유지업무 대상이 아닌 업무의 경우 파업이 전면 허용되어 공익보호의 관점에서 보완 방안이 필요하게 되었으며, 이러한 차원에서 필수공익사업의 경우 일정한 범위에서 대체근로가 허용되도록 한 것이다.

(2) 대체근로허용요건 완화

대체근로의 제한규정은 필수공익사업의 경우에는 적용하지 아니하고, 파업참가 근로자의 100분의 50을 초과하지 않는 범위 내에서 대체근로를 허용하도록 하여 공중의 일상생활이나 국민경제에 대한 피해를 최소화 하고자 하였다. 다만, 근로자 파견을 통한 대체근로는 종전과 같이 제한하도록 하였다.

Ⅳ. 조정의 특례

1. 특별조정위원회에 의한 조정

(1) 특별조정위원회의 구성

공익사업의 노동쟁의 조정을 위하여 노동위원회에 특별조정위원회를 두며(제72조 제1항), 특별조정위원회는 특별조정위원 3인으로 구성한다(제72조 제2항). 특별조정위원은 그 노동위원회의 공익을 대표하는 위원 중에서 노동조합과 사용자가 순차적으로 배제하고 남은 4인 내지 6인중에서 노동위원회의 위원장이 지명한다. 다만, 관계 당사자가 합의로 당해 노동위원회의 위원이 아닌 자를 추천하는 경우에는 그 추천된 자를 지명한다(동조 제3항).

(2) 특별조정위원회의 위원장

특별조정위원회의 위원장은 공익을 대표하는 노동위원회의 위원인 특별조정위원 중에서 호선하고, 당해 노동위원회의 위원이 아닌 자만으로 구성된 경우에는 그 중에서 호선한다. 다만, 공익을 대표하는 위원인 특별조정위원이 1인인 경우에는 당해 위원이 위원장이 된다(제73조).

(3) 특별조정위원회에서의 의결

특별조정위원회는 필수공익사업에 대하여 조정을 담당한다는 점에서 조정위원회와 다르지만, 회의는 조정위원회와 같이 구성원 전원 출석으로 개의하고 과반수의 찬성으로 의결한다(노동위원회법 제17조).

2. 조정방법

(1) 우선적 취급

국가 · 지방자치단체 · 국공영기업체 · 방위산업체 및 공익사업에 있어서의 노동쟁의의 조정은 우선적으로 취급하고 신속히 처리하여야 한다(제51조).

(2) 조정기간의 연장

공익사업에 있어서는 일반사업이 10일인데 반하여 5일이 더 긴 15일 이내에 조정을 종료하여야 한다(제54조 제1항).

Chapter 9

부당노동행위

제1절 부당노동행위 개요

Ⅰ. 서 설

1. 의 의

(1) 개 념
부당노동행위제도는 헌법이 규정한 근로자의 노동3권을 구체적으로 보장하기 위한 제도로서, 근로자의 단결·단체교섭 또는 단체행동의 자유에 대한 사용자의 부당한 간섭·억압으로부터 개개의 근로자 또는 노동조합을 보호하여 노사 간에 공정한 관계를 유지함으로써 헌법이 규정한 근로자의 노동3권을 구체적으로 보장하기 위한 공법상의 제도를 말한다.

(2) 인정취지
사용자의 노동3권 침해행위에 대해서 노동조합이 자주적으로 방어해야 하지만 우월적 지위를 가진 사용자의 침해행위를 방어하기 어렵기 때문에 노사관계의 공정성을 유지하기 위하여 국가기관이 개입하게 된 것이다.

(3) 헌법 제33조와의 관계
① 노동3권을 보장한 헌법 제33조 제1항의 규정은 제3자적 효력을 가지고 사인간의 법률관계에 직접 적용된다는 것이 다수설이다.
② 따라서 부당노동행위제도는 노조법 제81조에 의해 창설된 것이 아니라 헌법 제33조의 규범 내용을 확인한 것에 지나지 않는다.

2. 연 혁

(1) Wagner법(1935년·미국)
부당노동행위제도를 최초로 규정하였고, 사용자의 부당노동행위만을 금지하였다.

(2) Taft-Hartley법(1947년·미국)
노사 간의 교섭력의 균형을 유지하기 위해 기존의 사용자의 부당노동행위와 함께 근로자 측의 부당노동행위를 신설하였다.

(3) ILO조약
ILO조약 제87호는 단결권의 적극적 보호와 조성을 요구하고 있으며, 제98호는 부당노동행위제도의 정립을 요청하고 있다.

(4) 우리나라의 부당노동행위제도

① 1953년 제정된 노동조합법

사용자에 의한 부당노동행위와 아울러 노동조합 측의 부당노동행위까지 규정하였고, 처벌주의를 채택하였다.

② 1963년 개정법

사용자에 의한 부당노동행위의 장을 신설 확대, 노동조합 측의 부당노동행위에 관한 규정 삭제, 부당노동행위의 구제명령제도 신설, 원상회복주의로 전환하였다.

③ 1986년 개정법 이후

1986년 기존의 원상회복주의에 처벌주의를 신설하여 양자를 병행하였고, 미확정된 구제명령 위반자에 대한 처벌규정의 헌법재판소에 의한 위헌결정으로 1997년 긴급이행명령제도의 도입 및 부당노동행위를 한 자에 대하여 피해자의 명시적 의사불문하고 처벌하도록 규정을 신설하였다(제90조).

3. 특징

(1) 이원적 구제제도

부당노동행위의 구제방법과 관련하여 ① 사법상의 구제가 배제되고 1차적으로 노동위원회가 전속관할을 갖는다는 견해와, ② 사법상의 구제와 노동위원회의 구제가 병행된다는 견해가 있다. 통설과 판례는 후자의 견해에 따른다.

(2) 사용자의 부당노동행위만 인정

우리나라 부당노동행위제도는 미국과 달리 노동조합의 부당노동행위를 인정하지 않고 사용자의 부당노동행위만 인정하고 있다. 부당노동행위제도가 헌법상 근로자에게 보장된 노동3권을 구체적으로 보장하기 위한 제도라는 점에서 볼 때 노동조합의 부당노동행위제도는 인정될 수 없다고 본다.

(3) 구제제도와 처벌주의의 병용

① 부당노동행위에 대하여 노동위원회를 통한 구제제도 이외에, 부당노동행위가 인정되는 경우 2년 이하의 징역 또는 2천만원이하의 벌금에 처하도록 함으로써(법 제90조) 처벌주의를 병용하고 있다.

② 구제주의는 구제명령을 통하여 부당노동행위가 행하여지기 이전의 상태로 원상회복시킴으로써 침해된 권리를 바로 잡는다는 데 그 실익이 있으며, 처벌주의는 부당노동행위 그 자체를 범죄로 보아 처벌함으로써 부당노동행위를 사전에 예방·억제하는 데 의의가 있다.

(4) 신청주의

미국과 달리 노동위원회의 직권에 의한 구제절차 진행은 인정하지 않으며, 피해자의 신청에 의해 개시되고 진행된다.

4. 종 류

(1) 노동조합의 조직, 가입, 활동에 대한 불이익취급(제1호)

(2) 황견계약(yellow dog contract)의 체결(제2호)

(3) 단체교섭의 거부 또는 해태(제3호)

(4) 노동조합의 조직 · 운영에 대한 지배 · 개입과 경비원조(제4호)

(5) 단체행동에의 참가 기타 사용자의 부당노동행위를 신고한 것을 이유로 한 불이익취급(제5호)

Ⅱ. 주 체

1. 부당노동행위 금지의 수규자로서의 사용자

법 제2조상의 사용자, 즉「사업주, 사업의 경영담당자 또는 그 사업의 근로자에 관한 사항에 대하여 사업주를 위하여 행동하는 자」가 이에 해당한다.

2. 부당노동행위 구제명령의 수규자로서의 사용자

(1) 구제명령 이행자로서 사용자

원칙적으로 고용주인 사업주에 국한된다. 즉, 개인기업의 경우 기업주는 개인이고 법인기업의 경우 법인 그 자체이다.

(2) 형벌부과대상자로서의 사용자

형벌부과대상자로서의 사용자는 부당노동행위 구제명령의 이행자로서의 수규자와 반드시 일치하지 않는다. 법인의 대표자, 대리인, 사용인 등 사업주 이외의 자도 위반행위를 한때에는 행위자도 처벌되므로 그러한 한도 내에서 확대되는 경우도 있다.

3. 사용자개념의 확대

단체교섭의 당사자로서의 사용자 개념의 확대와 마찬가지로 부당노동행위의 주체로서의 사용자 개념도 확대되는 경향을 보이고 있다. 부당노동행위 금지의무를 지는 사용자는 노동3권을 침해하는 사용자를 의미하므로, 근로계약상의 사용자로 국한하여서는 아니 될 것이다. 예를 들어 하청회사 근로자들의 노동3권을 원청회사 사용자가 침해할 경우, 원청회사 사용자는 하청회사 근로자들에 대해 부당노동행위를 한 것이므로 그에 따른 책임을 부담한다고 보아야 할 것이다.

관련판례 부당노동행위의 주체(사용자범위의 확장)

부당노동행위의 예방·제거는 노동위원회의 구제명령을 통해서 이루어지는 것이므로, 구제명령을 이행할 수 있는 법률적 또는 사실적인 권한이나 능력을 가지는 지위에 있는 한 그 한도 내에서는 부당노동행위의 주체로서 구제명령의 대상자인 사용자에 해당한다고 볼 수 있을 것이다.

노동조합및노동관계조정법 제81조제4호는 '근로자가 노동조합을 조직 또는 운영하는 것을 지배하거나 이에 개입하는 행위'등을 부당노동행위로 규정하고 있고, 이는 단결권을 침해하는 행위를 부당노동행위로서 배제·시정하여 정상적인 노사관계를 회복하는 것을 목적으로 하고 있으므로, 그 지배·개입 주체로서의 사용자인지 여부도 당해 구제신청의 내용, 그 사용자가 근로관계에 관여하고 있는 구체적 형태, 근로관계에 미치는 실질적인 영향력 내지 지배력의 유무 및 행사의 정도 등을 종합하여 결정하여야 할 것이다.

따라서 근로자의 기본적인 노동조건 등에 관하여 그 근로자를 고용한 사업주로서의 권한과 책임을 일정 부분 담당하고 있다고 볼 정도로 실질적이고 구체적으로 지배·결정할 수 있는 지위에 있는 자가, 노동조합을 조직 또는 운영하는 것을 지배하거나 이에 개입하는 등으로 법 제81조 제4호 소정의 행위를 하였다면, 그 시정을 명하는 구제명령을 이행하여야 할 사용자에 해당한다(대법 2010.03.25. 2007두8881).

제2절 불이익취급

I. 불이익취급의 의의

1. 법 규정

법 제81조는 「근로자가 노동조합에 가입 또는 가입하려고 하였거나 노동조합을 조직하려고 하였거나 기타 노동조합의 업무를 위한 정당한 행위를 한 것」(제1호) 또는 「근로자가 정당한 단체행동에 참가한 것을 이유로 하거나 또는 노동위원회에 대하여 사용자가 이 조의 규정에 위반한 것을 신고하거나 그에 관한 증언을 하거나 기타 행정관청에 증거를 제출한 것」(제5호)을 이유로 하여 사용자가 그 근로자를 해고하거나 기타 불이익을 주는 행위를 부당노동행위로서 금지하고 있다.

2. 취지

이러한 불이익 취급을 부당노동행위로서 금지하는 것은 근로자의 단결권과 조합활동 및 단체행동권을 보장하기 위한 것이며, 한편으로는 부당노동행위 구제활동에 대한 사용자의 보복행위로부터 근로자를 보호하기 위한 것이라 하겠다.

II. 불이익취급의 성립요건

불이익취급이 성립하기 위해서는 ㉠ 근로자가 정당한 조합활동을 하여야 하고, ㉡ 현실적으로 근로자에게 불이익 처분을 하여야 하며, ㉢ 근로자의 조합활동과 사용자의 불이익 처분 간에 인과관계가 있어야 한다.

1. 정당한 조합활동이 있을 것

불이익 취급이 성립하기 위해서는 먼저 근로자가 정당한 조합활동을 한 것을 이유로 불이익취급을 하여야 하며, 정당한 조합활동으로서 다음과 같은 것들이 있다.

(1) 노동조합에의 가입 또는 조직

정당한 조합활동에는 이미 성립하고 있는 노동조합을 위한 행위 뿐만 아니라 그에 가입하는 행위나 가입하려고 한 행위도 포함되며, 새로운 노조를 결성하기 위한 행위로서 그 준비행위나 원조행위까지도 포함된다.

(2) 기타 노동조합의 업무를 위한 정당한 행위

① 노동조합의 활동이 정당하다고 하기 위하여는 행위의 성질상 노동조합의 활동으로 볼 수 있거나 노동조합의 묵시적인 수권 또는 승인을 받았다고 볼 수 있는 것으로서 근로조건의 유지

개선과 근로자의 경제적 지위의 향상을 도모하기 위하여 필요하고 근로자들의 단결강화에 도움이 되는 행위이어야 하며,

② 취업규칙이나 단체협약에 별도의 허용규정이 있거나 관행 또는 사용자의 승낙이 있는 경우 외에는 취업시간 외에 행하여져야 하고, 사업장 내의 조합활동에 있어서는 사용자의 시설관리권에 바탕을 둔 합리적인 규율이나 제약에 따라야 하며, 폭력과 파괴행위 등의 방법에 의하지 않는 것이어야 한다.[79]

> **관련판례** 정당한 조합활동의 범위
>
> 유인물로 배포된 문서에 기재되어 있는 문언에 의하여 타인의 인격, 신용, 명예 등이 훼손 또는 실추되거나 그렇게 될 염려가 있고, 또 문서에 기재되어 있는 사실관계의 일부가 허위이거나 표현에 다소 과장되거나 왜곡된 점이 있다고 하더라도, 그 문서를 배포한 목적이 타인의 권리나 이익을 침해하려는 것이 아니라 근로조건의 유지 · 개선과 근로자의 복지증진 기타 경제적 · 사회적 지위의 향상을 도모하기 위한 것으로서 문서의 내용이 전체적으로 보아 진실한 것이라면 이는 근로자의 정당한 활동범위에 속한다(대법 1998.5.22, 98다2365).
>
> 단체협약에 유인물의 배포에 허가제를 채택하고 있다고 할지라도 노동조합의 업무를 위한 정당한 행위까지 금지시킬 수는 없는 것이므로 유인물 배포행위가 정당한가 아닌가는 허가가 있었는지 여부만 가지고 판단할 것은 아니고, 그 유인물의 내용이나 배포방법 등 제반사정을 고려하여 판단되어져야 할 것이고, 취업시간 아닌 주간의 휴게시간 중의 배포는 다른 근로자의 취업에 나쁜 영향을 미치거나 휴게시간의 자유로운 이용을 방해하거나 구체적으로 직장질서를 문란하게 하는 것이 아닌 한 허가를 얻지 아니하였다는 이유만으로 정당성을 잃는다고 할 수 없다(대법 1991.11.12, 91누4164).
>
> 조합원이 유인물을 배포한 행위가 비록 근로조건의 개선을 목적으로 했다 하더라도 그 내용이 사실을 왜곡 또한 과장한 것으로서 회사 경영진에대한 극도의 불신 내지 증오심을 유발케 하여 직장질서를 문란케 할 위험성이 있다면 이를 이유로 한 사용자측의 징계해고는 정당하며, 부당노동행위도 아니다(대법 1993.2.9, 92다20880).
>
> 노동조합의 대의원이 사용자로부터 출근정지처분을 받았다 하더라도 노동조합의 활동을 하기 위하여 사용자의 공장 내에 위치한 노동조합사무실 등에 출입하기 위하여 공장을 출입할 수 있으나, 해당 대의원이 노동조합의 활동을 하기 위하여 공장에 출입하려 한 것이 아니라 단지 출근정지처분에 항의하기 위하여 출근을 강행하는 한편 출근을 저지하는 회사의 관리직사원들을 방해하고 다른 근로자들을 선동하였다면 그와 같은 행위는 부당하다(대법 1992.6.23, 92누42).

---

79) 대법원 1994.2.22. 선고 93도613판결

노동조합법 제39조 제1호소정의 '노동조합의 업무를 위한 정당한 행위'란 일반적으로는 노동조합의 정당한 활동을 가리키나, 조합원이 조합의 결의나 구체적인 지시에 따라서 한 노동조합의 조직적인 활동 그 자체가 아닐지라도 그 행위의 성질상 노동조합의 활동으로 볼 수 있거나 노동조합의 묵시적인 수권 혹은 승인을 받았다고 볼 수 있을 때에는 그 조합원의 행위를 노동조합의 업무를 위한 행위로 보아야 한다(대법 1996.2.23, 95다13708).

노동조합의 회계감사가, 조합장이 사용자인 원고 회사와의 단체교섭시 임금을 다른 회사보다 낮은 수준으로 결정한 것을 이유로 하여 그의 주도로 다른 조합간부들과 함께 조합장에 대한 불신임의 표시로 집단적으로 사표를 제출하였고 그에 따라 조합장이 그 직을 사퇴할 생각으로 임시총회를 개최하기로 하기에 이른 것이라면 위 회계감사의 행위는 노동조합법 제39조 제1호에서 말하는 노동조합의 업무를 위한 정당한 행위에 해당한다 할 것이고 원고 회사가 이러한 행위를 혐오하고 이를 이유로 위 회계감사에 대하여 한 해고는 같은 법조문에 규정된 부당노동행위를 구성한다(반집행부 활동을 정당한 조합활동으로 본 사례) (대법 1990.10.23, 89누2837).

③ 상기 조합활동 이외에 노동조합의 목적을 달성하기 위한 활동도 당연히 조합활동에 포함된다 할 것이다. 여기서 자주 문제가 되는 것은 근로자들의 문화활동, 사회활동, 정치활동 등의 경우인데, 문화 · 사회활동이 조합원으로서 내적 연대감과 단결력 강화에 이바지 하는 것이면 조합활동으로서 인정되어야 할 것이며, 정치활동의 경우에도 경제적인 성격 예컨대 노동법 개정운동과 같은 성격의 것은 근로자의 경제적, 사회적 지위향상이라는 노동조합의 목적에 비추어 상당한 것이므로 조합활동에 포함된다 할 것이다.

(3) 정당한 단체행위에의 참가 또는 신고, 증언, 증거의 제출

근로자가 정당한 단체행위에 참가하거나 노동위원회에 사용자의 부당노동행위를 신고하거나 증언, 증거를 제출하는 것도 넓은 의미의 조합활동으로서 사용자가 이를 이유로 불이익을 주는 행위는 일종의 보복적 차별대우로서 불이익 취급에 해당된다.

2. 사용자의 현실적인 불이익처분이 있을 것

불이익 취급은 해고 기타 경제상, 정신상, 생활상 또는 조합활동 상의 불이익을 현실적으로 동반할 때 그 의미가 있는 것이며, 불이익취급이 현실화되지 않은 경우는 노동조합에 대한 지배 · 개입은 될 수 있으나 불이익 취급으로 볼 수 없을 것이다.

3. 인과관계

(1) 의의
① 부당노동행위로서의 불이익 취급이 성립하기 위해서는 근로자의 정당한 노동3권 행사와 사용자의 불이익 취급사이에 인과관계가 있어야 한다.
② 법 제81조 제1호 및 제5호에서의 「…한 것을 이유로」 라는 규정이 바로 이를 의미한다. 인과관계의 성립에 관하여 학설이 대립하고 있다.

(2) 학설

① 주관적 인과관계설

이 설에 의하며 사용자의 불이익 취급에는 반조합적 의도 내지 동기와 같은 부당노동행위의 사를 필요로 한다고 한다.

② 객관적 인과관계설

이 설은 통설 및 판례의 태도로서 사용자의 불이익취급에는 근로자의 노동3권 행사와 불이익 취급 간에 원인, 결과의 관계가 있다는 사실만을 인식하는 것으로 충분하며, 사용자의 반조합적 의도 내지 동기와 같은 부당노동행위 의사는 필요하지 않다고 한다.

(3) 검토의견

주관적 인과관계설은 사용자에게 법률의 착오가 있는 경우[80] 부당노동행위 의사를 인정할 수 없어 부당노동행위의 성립을 어렵게 하여 헌법상 보장된 노동3권의 기본취지에 어긋난다고 보기에 객관적 인과관계설이 타당하다고 본다.

Ⅲ. 불이익취급원인의 경합

1. 의의

불이익 취급 원인의 경합이란 불이익 취급이 노사가 주장하는 사실 중의 하나를 획일적으로 선택할 수 없고, 양자가 모두 원인이 되는 경우로서 이 경우 부당노동행위의 성립 여부가 문제되는 바, 이에 대해 학설의 대립이 있다.

2. 학설

① 부당노동행위 성립부인설

해고 기타 불이익 취급을 할 수 있는 정당한 사유가 있는 경우에는 부당노동행위의 성립을 부인하려는 견해이다.

② 결정적 원인설

이는 정당한 노동 3권 실현 활동의 사실과 그 이외의 사실 중 어느 것이 불이익 취급에 결정적 원인이 되었는가에 따라 판단해야 한다는 견해로서 판례의 입장이다.

③ 상당인과관계설

정당한 노동3권 행사의 사실이 없었더라면 불이익취급이 없었을 것이라고 판단되면 부당노동행위의 성립을 인정하려는 견해로서 다수설의 견해이다.

④ 부당노동행위 긍정설(원인설)

노동3권 행사의 사실이 불이익취급원인 중의 하나라고 인정되는 경우에는 언제나 부당노동행위의 성립을 인정하려는 견해이다.

---

80) 예를 들어 합법적인 쟁의행위를 불법쟁의행위로 오인한 경우를 들 수 있다.

3. 검토의견

결정적 원인설은 결정적 원인을 찾는 과정에서 사용자의 주관적인 개입의 여지가 있고, 또한 근로자가 이를 입증하기 어렵다는 점 등이 있어 근로자 보호를 위한 부당노동행위제도에의 적용은 타당하지 않다고 보여진다. 따라서 근로자 보호에 더 충실하다고 할 수 있는 상당인과관계설이 타당하다고 본다.

관련판례 불이익취급 원인의 경합

사용자가 근로자를 해고함에 있어서 근로자의 노동조합의 업무를 위한 정당한 행위를 그 실질적인 이유로 삼았으면서도 표면적으로는 다른 해고사유를 들어 해고한 것으로 인정되는 경우에는 노동조합법 제39조 제1호에 정한 부당노동행위로 보아야 할 것이고, 근로자의 노동조합업무를 위한 정당한 행위를 실질적인 해고사유로 한 것인지의 여부는 사용자측이 내세우는 해고사유와 근로자가 한 노동조합업무를 위한 정당한 행위의 내용, 징계해고를 한 시기, 회사와 노동조합과의 관계, 동종의 사례에 있어서 조합원과 비조합원에 대한 제재의 불균형 여부, 기타 부당노동행위 의사의 존재를 추정할 수 있는 제반사정을 비교 검토하여 종합적으로 판단하여야 할 것인 바…(대법 1994.12.13, 94누10498)

Ⅳ. 불이익취급의 유형

1. 근로관계상의 불이익취급

(1) 해고 등에 의한 불이익취급

① 해고

해고는 근로자의 지위를 박탈시키는 것으로 불이익취급의 가장 전형적인 유형으로 볼 수 있다.

② 사직의 강요

근로자 본인의 의사에 반하여 의원사직 하도록 종용하여 사직원을 내도록 하는 경우가 해당된다.

③ 채용거부

근로자가 채용에 관하여 기대이익을 갖고 있는 경우에 고용계약의 갱신거부나 재채용이나 본채용 거부도 불이익 취급으로 볼 수 있다. 또한 휴직자의 휴직사유 소멸 후에도 불구하고 복직을 거부하는 경우도 해당된다.

(2) 징계 등에 의한 불이익 취급

조합활동을 이유로 견책, 경고, 출근정지 등의 징계처분이나 휴직명령을 내리는 경우 등이 이에 해당한다.

(3) 경제상의 불이익 취급

임금이나 제 수당 지급, 대부금 대여 등에 있어서의 차별 등이 이에 해당한다.

2. 조합활동 상의 불이익취급

이는 당해 근로자의 조합활동을 할 수 없게 하는 것이나 곤란하게 하는 것이다. 따라서 조합활동을 할 수 없는 장소나 부서로의 배치전환, 조합임원에 입후보하지 못하도록 관리직으로 승진시키는 경우 등이 이에 해당한다.

> **관련판례** 불이익취급의 유형
>
> 원고가 노동조합 대의원선거에 입후보하여 당선이 확실시된 사실과 평소 원고의 조합활동을 못마땅하게 생각하던 회사가 원고의 조합활동을 막기 위하여 조합활동을 할 수 없게 되는 일반관리직 사원으로 임용하여 전근발령한 사실은 부당노동행위에 해당된다고 봄이 상당하다(대법 1988.12.20, 87누 900).

3. 생활상의 불이익 취급

맞벌이 부부를 별거시키는 배치전환이라든가 거주지에서의 원거리 전보 등이 이에 해당한다.

4. 정신상의 불이익 취급

장기간 특별한 직무를 부여하지 않는 등 정신적 고통을 주는 경우 등이 이에 해당한다.

5. 위장폐업 등

반조합적 의도로 회사를 위장폐업한 경우 등이 이에 해당한다.

> **관련판례** 위장폐업과 부당노동행위
>
> 참가인 회사가 폐업공고를 하게 된 경위와 원고들이 사직서를 제출하게 된 경위를 살펴볼 때 참가인 회사의 폐업공고가 진정한 기업폐지의 의사에 기인한 것이 아니라 오로지 원고들의 <u>노동조합 활동을 배제할 목적에서 단행된 것이고 그로 말미암아 원고들은 그 의사에 반하여 사직서를 제출하고 이를 회사가 수리한 행위는 원고들이 노동조합의 업무를 위한 정당한 행동을 한 것을 이유로 원고들을 일방적으로 해고한 것과 다름없어 부당노동행위에 해당된다</u>(대법 1988.4.25, 87누 263).

제3절 지배 · 개입 및 경비원조

I. 지배 · 개입

1. 의의

(1) 법 규정

① 노조법은 「근로자가 노동조합을 조직 또는 운영하는 것을 지배하거나 이에 개입하는 행위와 노동조합의 전임자에게 급여를 지원하거나 노동조합의 운영비를 원조하는 행위」를 부당노동행위로서 금지하고 있다 (제81조 제4호).
② 다만, 근로자가 근로시간 중에 제24조 4항(근로시간면제제도)에 따라 사용자와 협의 또는 교섭하는 것을 사용자가 허용함은 무방하며, 또한 근로자의 후생자금 또는 경제상의 불행 기타의 재액의 방지와 구제 등을 위한 기금의 기부와 최소한의 규모의 노동조합사무소의 제공은 예외로 한다(동호 단서).

(2) 특징

지배 · 개입은 노동3권에 대한 일체의 간섭 · 방해행위로서 가장 포괄적이고 광범위한 반조합행위이다. 불이익취급도 불이익취급과 함께 지배 · 개입에 해당될 수 있다.

(3) 취지

노동조합의 자주성 · 독립성을 보호하고자 노동조합의 조직 · 운영에 대한 지배 · 개입과 지배 · 개입의 일종이라고 할 수 있는 전임자 급여지원과 경비원조를 부당노동행위의 한 유형으로 규정하고 있는 것이다.

2. 성립요건

(1) 주체

① 지배 · 개입이 성립하기 위해서는 지배 · 개입행위가 사용자의 행위로 볼 수 있어야 한다.
② 여기에서의 사용자는 사업주는 물론 지배인 · 공장장 등의 상위직도 포함되며, 또한 하위직 관리자도 사용자의 지시 또는 묵시적 동의 등이 있는 경우에는 지배 · 개입의 주체가 될 수 있다.

(2) 내용

① 조합의 조직 또는 운영
㉠ 조합의 조직이란 조직 그 자체뿐만 아니라 조직준비행위 등 노동조합의 결성을 지향하는 근로자의 일체의 행위를 의미한다.

ⓛ 조합의 운영이란 규약의 제정 · 변경, 조합임원의 선거 등 조합의 내부적 운영뿐만 아니라 단체교섭, 쟁의행위 등 외부적 운영을 포함하는 노동조합의 유지 · 존속 및 확대를 위한 일체의 행위를 의미한다.

② 지배하거나 개입하는 행위

㉠ 지배 · 개입이란 조합의 조직 · 운영에 있어서의 자주성을 침해하는 행위를 의미하는 것으로서, 지배란 사용자가 근로자를 압도하여 주도권을 발휘하는 행위이고, 개입이란 이 정도에 이르지는 않으나 조합활동이나 운영 시 간섭 · 방해 등 영향력을 행사하는 행위를 말한다.

㉡ 그러나 지배나 개입은 그 정도의 차이는 있으나 법률상 효과에는 별 차이가 없고, 또한 양자 모두 노동3권에 대한 침해행위이고 그 구제의 내용과 방법도 다르지 아니하므로 특별히 엄격하게 구별할 필요는 없다.

관련판례 사용자의 언론의 자유와 부당노동행위

1. 사용자가 연설, 사내방송, 게시문, 서한 등을 통하여 의견을 표명하는 경우 그 표명된 의견의 내용과 함께 그것이 행하여진 상황, 시점, 장소, 방법 및 그것이 노동조합의 운영이나 활동에 미치거나 미칠 수 있는 영향 등을 종합하여 노동조합의 조직이나 운영 및 활동을 지배하거나 이에 개입하는 의사가 인정된다면 노동조합 및 노동관계조정법 제81조 제4호에 규정된 '근로자가 노동조합을 조직 또는 운영하는 것을 지배하거나 이에 개입하는 행위'로서 부당노동행위가 성립하고, 또 그 지배 · 개입으로서의 부당노동행위의 성립에 반드시 근로자의 단결권의 침해라는 결과의 발생까지 요하는 것은 아니다.

그러나 사용자 또한 자신의 의견을 표명할 수 있는 자유를 가지고 있으므로, 사용자가 노동조합의 활동에 대하여 단순히 비판적 견해를 표명하거나 근로자를 상대로 집단적인 설명회 등을 개최하여 회사의 경영상황 및 정책방향 등 입장을 설명하고 이해를 구하는 행위 또는 비록 파업이 예정된 상황이라 하더라도 그 파업의 정당성과 적법성 여부 및 파업이 회사나 근로자에 미치는 영향 등을 설명하는 행위는 거기에 징계 등 불이익의 위협 또는 이익제공의 약속 등이 포함되어 있거나 다른 지배 · 개입의 정황 등 노동조합의 자주성을 해칠 수 있는 요소가 연관되어 있지 않는 한, 사용자에게 노동조합의 조직이나 운영 및 활동을 지배하거나 이에 개입하는 의사가 있다고 가볍게 단정할 것은 아니라 할 것이다.

2. 0000공사 측이 파업 직전에 근로자를 상대로 파업과 관련한 순회설명회를 개최하려 한 것은 파업이 예정된 상황에서 0000공사의 전반적 현황과 파업이 회사에 미치는 영향을 설명하면서 파업 참여에 신중할 것을 호소 · 설득하는 등 사용자 입장에서 노동조합이 예정한 파업방침에 대해 비판적 견해를 표명한 것으로서 사용자측에 허용된 언론의 자유의 범위를 벗어난 것이라고 단정하기는 어렵다. 따라서 이 사건 설명회 개최가 '근로자가 노동조합을 운영하는 것을 지배하거나 이에 개입하는 행위'로서 업무방해죄의 보호법익으로서의 업무에 해당하지 않는다고 판단한 원심의 판단에는 지배 · 개입에 의한 부당노동행위의 성립에 관한 법리 또는 업무방해죄의 보호법익으로서의 업무에 관한 법리를 오해하여 필요한 심리를 다하지 아니함으로써 판결에 영향을 미친 위법이 있다.(대법 2013.01.10, 2011도15497)

(3) 지배 · 개입의 의사

① 지배 · 개입에 의한 부당노동행위의 성립에 있어서 사용자에게 지배 · 개입의 의사가 필요한가에 관해서 의사필요설,[81] 의사불요설,[82] 절충설 등의 견해의 대립이 있다.

② 지배 · 개입에 의한 부당노동행위는 노동3권에 대한 침해행위의 배제가 목적이므로 객관적으로 지배 · 개입의 사실이 있다면 사용자의 의사여하를 불문하고 부당노동행위가 성립한다는 의사불요설이 다수설이다.

(4) 결과의 발생여부

① 법 제81조 제4호의 입법취지는 사용자의 지배 · 개입행위만으로도 부당노동행위의 성립을 인정하려는 것이기 때문에 노동조합조직의 실패, 해산 · 약화 등 지배 · 개입행위로 인한 노동3권 침해의 결과가 현실적으로 발생할 것을 요하지 아니한다.

② 법상 입법취지는 사용자의 개입행위만으로도 부당노동행위의 성립을 인정하려는 것이며, 또한 동 제도가 민사법에 있어서와 같이 이미 발생한 손해의 배상을 목적으로 하는 것이 아니라는 점에서 구체적인 결과나 손해의 발생을 요건으로 하지 아니한다.

관련판례 지배개입의 성립요건

구 노동조합법 제39조 제4호의 지배 · 개입으로서의 부당노동행위의 성립에 반드시 근로자의 단결권의 침해라는 결과의 발생을 요하는 것은 아니라고 할 것이다(대법 1997.5.7, 96누2057).

Ⅱ. 경비원조

(1) 개 요

노조법은 노조의 재정적인 측면에서의 자주성을 보장하기 위하여 노조전임자에게 급여를 지원하는 행위와 노동조합의 운영비를 원조하는 행위를 지배 · 개입으로서 규정하고 있다(제81조 제4호).

(2) 노조전임자의 급여지급

① 구법에서는 노조의 실질적인 자주성침해의 정도에 따라 부당노동행위여부를 판단하는 것이 판례[83]와 다수설의 견해였으나 현행법에서는 이를 경비원조로 보아 부당노동행위로 인정하고 있다.

② 다만 노조법 제24조 4항에 따라 근로시간면제자에 대한 급여지급은 부당노동행위로 보지 아니한다.

---

81) 김치선, p.387

82) 이병태, p.451

83) 대법원 1991.5.28. 선고 90누6392 판결

> **관련판례**   경비원조와 부당노동행위
>
> 노조전임자나 노조간부가 사용자로부터 급여를 지급받는 것이 형식적으로 보면 부당노동행위의 하나인 노동조합법 제39조 제4호 본문에 해당하는 것 같지만, 위 법조 소정의 부당노동행위의 성립 여부는 형식적으로만 볼 것은 아니고 그 급여지급으로 인하여 조합의 자주성을 잃을 위험성이 현저하게 없는 한 부당노동행위가 성립되지 않는다고 봄이 상당하고, 특히 그 급여지급이 조합의 적극적인 요구 내지는 투쟁결과로 얻어진 것이라면 그 급여지급으로 인하여 조합의 자주성이 저해될 위험은 거의 없다고 보아야 할 것이므로 이는 위 법조 소정의 부당노동행위에 해당하지 않는다고 보아야 할 것이다(대법 1991.5.28, 90누6392).

(3) 운영비원조
　① 노동조합의 운영비를 원조하는 행위를 지배·개입과 별도로 규정하고 있지만, 이는 지배·개입의 특수한 형태로서 예시적으로 규정한 것이라고 해석된다.
　② 운영비란 조합의 활동에 소요되는 일체의 비용을 말하는 것으로서, 조합설립·운영비의 제공, 조합용무의 출장비지급 등이 이에 해당한다.

(4) 예외적 허용
　① 근로자가 근로시간 중에 사용자와 협의 또는 교섭하는 것을 사용자가 허용하는 것
　② 근로자의 후생자금 또는 경제상의 불행 기타의 재액의 방지와 구제 등을 위한 기금의 기부
　③ 최소한의 규모의 노동조합사무소의 제공(제81조 제4호 후단)은 부당노동행위로 보지 않는다.

Ⅲ. 관련문제

1. 사용자의 언론의 자유와의 관계

(1) 사용자의 언론의 자유에 대한 한계
　㉠ 사용자도 국민으로서 헌법상 보장되는 언론의 자유를 갖는다. 따라서 사용자는 노사관계에 관한 자신의 의견을 자유로이 표명할 수 있으며, 이는 건전한 노사관계의 형성과 발전에도 필요하다고 할 것이다.
　㉡ 그러나 노사관계의 특성상 사용자의 지나친 언론활동은 근로자의 노동기본권을 침해할 수 있으므로 일정한 제한은 불가피하다고 본다.

(2) 지배개입 성부에 대한 학설
　㉠ 부정적인 입장
　언론의 자유에 대한 역사적·현실적 중요성을 감안하여 원칙적으로 지배개입에 해당하지 않지만, 다만 보복이나 협박 또는 이익의 제공을 시사하는 경우에 지배개입이 성립한다고 본

다. 미국 Taft—Hartley법의 태도이다.[84]

ⓒ 긍정적인 입장

보복이나 협박이 없더라도 언론의 내용 · 방법 · 그것을 행한 장소, 조합의 운영이나 활동에 끼치는 영향이나 사용자의 악의적 의도 등 제반사정을 종합적으로 감안하여 구체적으로 판단하여야 할 것이다.

(3) 검토의견

㉠ 사용자의 언론활동 중 위협 · 보복 및 이익공여 등 조합활동에 대한 직접적인 발언으로 조합활동에 영향을 미치는 경우에는 지배, 개입에 해당된다고 보아야 할 것이다.

㉡ 사용자의 언론의 부당노동행위 해당성 여부는 헌법상 보장되고 있는 언론의 자유와 단결권 보장질서와의 상관관계에서 판단하여야 할 것이다. 따라서 조합활동에 대한지배, 개입의 판단기준으로는 발언의 시기 · 장소 · 대상 · 발언을 전후한 노사관계 등을 종합적으로 고려하여야 할 것이다.

관련판례 언론의자유와 부당노동행위

사용자가 연설, 사내방송, 게시문, 서한 등을 통하여 의견을 표명할 수 있는 언론의 자유를 가지고 있음은 당연하나, 그것이 행하여진 상황, 장소, 그 내용, 방법, 노동조합의 운영이나 활동에 미친 영향 등을 종합하여 노동조합의 조직이나 운영을 지배하거나 이에 개입하는 의사가 인정되는 경우에는 구 노동조합법(1996. 12. 31. 법률 제5244호 부칙 제3조로 폐지되기 전의 것) 제39조 제4호에 정한 부당노동행위가 성립한다(대법 1998. 5. 22, 97누8076).

---

2. 조합비공제제도의 폐지와 지배개입

(1) 조합비공제제도

조합비의 징수는 노동조합의 업무이므로 이것을 사용자의 부담으로 대행하게 하는 것은 지배 · 개입으로 볼 여지가 있지만, 단체협약에 의해 조합에서 징수해야 하는 것을 사용자가 대신하여 임금에서 일부 공제하여 조합에게 전달하는 것은 부당노동행위에 해당되지 아니한다.

(2) 일방적 파기 시

단체협약이 있거나 관행이 있는 경우에도 불구하고 조합비공제제도를 일방적으로 파기한 경우에는 지배개입으로 볼 수 있다.

---

84) 김형배 신판 노동법 제941면

제4절 단체교섭의 거부·해태

Ⅰ. 의의

(1) 노조법은 사용자가 「노동조합의 대표자 또는 노동조합으로부터 위임을 받은 자와의 단체협약체결, 기타의 단체교섭을 정당한 이유 없이 거부하거나 해태하는 행위」를 부당노동행위로서 규정하여 이를 금지하고 있다(제81조 제3호).

(2) 이 제도의 근본취지는 헌법 제33조 제1항에서 보장하고 있는 단체교섭권을 국가가 개입하여 확실하게 구현하려는 데 있다.

Ⅱ. 요건

1. 교섭거부의 당사자

「노동조합의 대표자 또는 노동조합으로부터 위임을 받은 자」와의 단체교섭을 거부한 때 부당노동행위가 성립한다. 따라서 일시적 쟁의단 등의 단체교섭 요구를 거부하더라도 부당노동행위가 성립하지 않는다.

2. 단체협약체결 기타의 단체교섭을 거부하거나 해태한 행위

(개) 사용자가 조합의 교섭신청에 전혀 응하지 않는 경우(교섭불응)

(내) 조합과의 단체교섭이 가능한데도 조합을 배제하고 직접 종업원과 교섭하는 경우(개별교섭)

(대) 단체교섭을 정당한 이유 없이 중단하거나 지연시키는 경우(고의적 교섭중단·지연)

(래) 묵인할 수 없거나 수락할 수 없는 조건을 제시하는 경우(위장교섭)

(매) 단체교섭이 있었을지라도 사용자가 반드시 단체협약을 체결할 의무까지 지는 것은 아니다. 그러나 노사 간에 교섭사항에 대하여 합의가 있었음에도 불구하고 서면작성이나 서명날인을 거부하거나 해태하는 경우(요식행위 거부·해태)

3. 정당한 이유의 부존재

사용자가 단체교섭을 거부하는 행위는 「정당한 이유」가 없을 때 부당노동행위가 성립된다.

(1) 정당한 이유의 입증책임

단체교섭거부행위에서 부당노동행위의사가 추정되며, 사용자 측의 정당한 이유는 부당노동행위 성립조각사유에 해당한다. 따라서 부당노동행위의 입증에 있어서 노동조합 측은 단지 사용자의 교섭거부라는 외적 사실의 존재만 입증함으로써 족하고, 사용자 측에서 그 정당한 이유를 입증하여야 한다.

(2) 정당한 이유

사용자의 단체교섭거부행위가 정당한 이유에 해당되는지의 여부는 단체교섭제도와 부당노동행위제도의 목적을 고려하여 구체적 상황에 따라 합리적으로 판단하여야 한다. 일반적으로 정상적인 교섭을 할 수 없다든가, 단체교섭을 강제하는 것이 현저히 노사 간의 신의에 반할 경우에는 사용자의 정당성을 인정하여야 할 것이다.

이를 구체적으로 살펴보면 다음과 같다.

　㉠ 교섭당사자 · 담당자

　　교섭권능이 없는 근로자단체, 교섭권한이 없는 노동조합대표나 그로부터 위임을 받은 자와의 교섭은 거부할 수 있다. 그러나 사용자가 단체협약상의 유일교섭 단체조항을 이유로 단체교섭을 거부하는 경우에는 정당한 이유에 해당되지 아니하므로 부당노동행위가 성립한다. 또한 사용자가 스스로 그 자신이 단체협약의 당사자가 아니라고 잘못 판단하여 단체교섭을 거부한 경우에도 부당노동행위가 성립한다.

관련판례 단체교섭 거부의 정당한 이유

　단체교섭의 권한이 있는 자에게 단체협약을 체결할 권한이 없다고 한다면, 사용자를 상대방으로 하는 단체교섭이 원활하게 진행될 수 없으며, 결과적으로 단체교섭의 권한이라는 것 자체가 무의미한 것으로 되고 말 가능성이 있다. 쌍방간의 타협과 양보의 결과로 임금이나 그 밖의 근로조건 등에 대하여 합의를 도출하더라도 다른 결정절차(노동조합의 총회의 결의)를 거쳐야만 그 합의가 효력을 발생할 수 있다는 상황에서라면, 사용자측으로서는 결정의 권한 없는 교섭대표와의 교섭 내지 협상을 회피하든가 설령 교섭에 임한다 하더라도 성실한 자세로 최후의 양보안을 제출하는 것은 꺼리게 될 것이고, 그와 같은 사용자측의 교섭회피 또는 해태를 정당한 이유 없는 것이라고 비난하기도 어렵다 할 것이다(대법 1993. 4. 27, 91누12257).

　㉡ 교섭대상

　　사용자에게 처분권한이 없거나 근로조건과 근로자의 지위개선에 관계되지 않는 사항은 거부할 수 있다. 그러나 노동조합으로부터 과대한 요구가 있었다고 하여 단체교섭을 거부하는 경우 이는 부당노동행위에 해당된다.

　㉢ 교섭의 절차 · 방법

　　교섭의 절차 · 방법에 관하여 법령 · 단체협약 또는 노사관행으로 정하여진 경우, 이에 위반한 단체교섭의 요구를 사용자는 거부할 수 있다. 그러나 단체교섭의 일시 · 장소 등에 대하여 노사의 의견이 대립하고 있음을 이유로 단체교섭을 거부하는 경우에는 부당노동행위에 해당된다.

Ⅲ. 교섭거부 · 해태의 효과

　　법 제81조 제3호의 「단체교섭을 정당한 이유 없이 거부하거나 해태하는 행위」로서 부당노동행위
가 성립한다.

　　이 경우 단체교섭 응낙가처분신청을 한다든가 또는 불법행위에 의한 손해배상청구 등도 고려할
수 있다고 본다.

관련판례　단체교섭 거부의 효과

　　사용자가 노동조합과의 단체교섭을 정당한 이유 없이 거부하였다고 하여 그 단체교섭 거부행위가 바로 위
법한 행위로 평가되어 불법행위의 요건을 충족하게 되는 것은 아니지만, 그 단체교섭 거부행위가 그 원인과 목
적, 그 과정과 행위태양, 그로 인한 결과 등에 비추어 건전한 사회통념이나 사회상규상 용인될 수 없는 정도에
이른 것으로 인정되는 경우에는 그 단체교섭 거부행위는 부당노동행위로서 단체교섭권을 침해하는 위법한 행
위로 평가되어 불법행위의 요건을 충족하게 되는바, 사용자가 노동조합과의 단체교섭을 정당한 이유 없이 거
부하다가 법원으로부터 노동조합과의 단체교섭을 거부하여서는 아니 된다는 취지의 집행력 있는 판결이나 가
처분결정을 받고서도 이를 위반하여 노동조합과의 단체교섭을 거부하였다면, 그 단체교섭 거부행위는 건전한
사회통념이나 사회상규상 용인될 수 없는 정도에 이른 행위로서 헌법이 보장하고 있는 노동조합의 단체교섭권
을 침해하는 위법한 행위라고 할 것이므로, 그 단체교섭 거부행위는 노동조합에 대하여 불법행위를 구성한다
(대법 2006.10.26, 2004다11070).

제5절 부당노동행위의 구제

Ⅰ. 노동위원회에 의한 구제절차

1. 서 설

노동위원회에 의한 구제절차는 초심절차와 재심절차의 2심제로 되어 있으며, 중앙노동위원회의 결정에 대하여 불복하는 자는 행정소송을 제기할 수 있다.

2. 관 할

(1) 지방노동위원회의 관할

① 부당노동행위가 발생한 사업장의 소재지를 관할하는 지방노동위원회가 초심관할권을 갖는다(노동위원회법 제3조 제2항).

② 2 이상의 관할구역에 걸친 사건은 주된 사업장의 소재지를 관할하는 지방노동위원회에서 관장한다.

(2) 특별노동위원회의 관할

부당노동행위가 특별노동위원회의 설치목적이 된 특정사항에 관한 것일 때에는 특별노동위원회가 초심관할권을 갖는다(동조 제3항).

(3) 중앙노동위원회의 관할

중앙노동위원회는 원칙적으로 지방노동위원회 또는 특별노동위원회를 초심으로 하는 사건의 재심관할권을 갖는다(동조 제1항).

3. 당사자

(1) 신청인

① 부당노동행위 구제의 신청인은 부당노동행위를 당한 근로자 또는 노동조합이다.

② 근로자 개인에 대한 부당노동행위인 법 제81조 제1호·제2호 및 제5호 위반인 경우에는 근로자 개인이, 그리고 노동조합에 대한 부당노동행위인 제3호 및 제4호 위반인 경우에는 노동조합이 원칙적으로 신청인이 된다. 그러나 당해 부당노동행위의 구제에 관하여 이해관계를 가진 자는 모두 신청인이 될 수 있다고 본다.

③ 이 경우 노동조합의 구제신청권은 근로자 개인의 구제신청권과는 별개의 독자적인 권리이며, 근로자 개인의 구제신청권을 대위하거나 대리하는 것은 아니다.

(2) 피신청인

① 피신청인은 원칙적으로 근로계약상의 사용자이다.

② 다만, 단체교섭의 당사자로서의 사용자 개념의 확대와 마찬가지로 부당노동행위의 주체로서의 사용자개념도 확대되는 경향을 보이고 있다. 부당노동행위 금지의무를 지는 사용자는 노동3권을 침해하는 사용자를 의미하므로, 근로계약상의 사용자로 국한하여서는 아니 될 것이다. 예를 들어 하청회사 근로자들의 노동3권을 원청회사 사용자가 침해할 경우, 원청회사 사용자는 하청회사 근로자들에 대해 부당노동행위를 한 것이므로 그에 따른 책임을 부담한다고 보아야 할 것이다. 따라서 근로계약상의 사용자가 아니라 하더라도 피신청인이 될 수 있다.

4. 초심절차

(1) 구제신청

① 신청주의

초심절차는 부당노동행위가 발생한 사업장의 소재지를 관할하는 지방노동위원회에 그 구제의 신청을 함으로써 개시된다.

② 신청기간

구제신청은 부당노동행위가 있은 날(계속하는 행위는 그 종료일)부터 3월 이내에 하여야 한다(제82조 제2항).

③ 신청의 취하

신청인은 부당노동행위 구제에 관한 명령서 또는 결정서 등이 교부될 때까지 언제든지 신청의 전부 또는 일부를 취하할 수 있고, 노동위원회는 구제신청이 그 당부를 판단하기 위한 전제요건을 결하고 있다고 판단되는 경우에는 심판위원회의 결정에 의해 구제신청을 각하할 수 있다.

(2) 심 사

① 심사라 함은 조사와 심문의 두 절차를 말한다. 노동위원회가 구제신청을 받은 때에는 지체없이 필요한 조사와 관계당사자의 심문을 하여야 한다(제83조 제1항). 노동위원회가 심문을 할 때에는 관계당사자의 신청 또는 직권으로 증인을 출석하게 하여 필요한 사항을 질문할 수 있다(동조 제2항).

② 노동위원회가 심문을 함에 있어서는 관계당사자에 대하여 증거의 제출과 증인에 대한 반대심문을 할 수 있는 충분한 기회를 주어야 한다(동조 제3항).

③ 부당노동행위의 성립은 반드시 심문을 거쳐서 판정을 하여야 하며, 조사를 끝낸 것만으로는 구제명령을 내릴 수 없다. 따라서 조사만을 행하고 심문 없이 명령을 발하는 것은 설령 당사자 간에 이의가 없더라도 위법이다.

④ 노동위원회의 조사와 심무에 관한 절차는 중앙노동위원회가 따로 정하는 바 (노동위원회 규칙)에 의한다(동조 제 4항).

(3) 화해의 권고

노동위원회는 판정·명령 또는 결정이 있기 전까지 관계 당사자의 신청 또는 직권에 의하여 화해를 권고하거나 화해안을 제시할 수 있다. 관계 당사자가 화해안을 수락하여 관계 당사자와 화해에 관여한 위원 전원이 서명 또는 날인한 화해조서는 「민사소송법」에 따른 재판상 화해의 효력을 갖는다(노동위원회법 제16조의3).

(4) 구제명령과 기각결정

① 노동위원회가 심문을 종료하고 부당노동행위가 성립한다고 판정한 때에는 사용자에게 구제명령을 발하여야 하며, 부당노동행위가 성립되지 아니한다고 판정한 때에는 그 구제신청을 기각하는 결정을 하여야 한다(제84조 제1항). 판정은 공익위원만의 권한에 속한다.
② 부당노동행위에 대한 판정·명령 및 결정은 서면으로 하되 이를 당해 사용자와 신청인에게 각각 교부하여야 한다(동조 제2항).
③ 관계당사자는 위의 명령이 있을 때에는 이에 따라야 한다(동조 제3항). 그러나 법에서 규정한 노동위원회의 사용자에 대한 구제명령은 행정처분으로서 사용자에게 이에 복종하여야 할 공법상의 의무를 부담시킬 뿐, 직접 노사간의 사법상의 법률관계를 발생 또는 변경시키는 것은 아니다.

관련판례 부당노동행위 구제명령의 효력

노동조합법 제42조에서 규정한 노동위원회의 사용자에 대한 구제명령은 사용자에게 이에 복종하여야 할 공법상의 의무를 부담시킬 뿐, 직접 노사간의 사법상의 법률관계를 발생 또는 변경시키는 것은 아니다(대법 1996. 4. 23, 95다53102).

④ 사용자가 확정된 노동위원회의 구제명령에 위반한 경우에는 벌칙의 적용을 받는다(제89조). 다만, 구법은 노동위원회의 구제명령 위반 시 처벌규정을 두어 그 구제명령이 확정되기 전이라도 처벌을 통해 사용자의 이행을 강제하였으나, 헌법재판소에서 헌법상의 적법절차의 원리에 반하고 과잉금지의 원칙에도 저촉된다고 보고 위헌결정[85]을 함으로써 확정되지 아니한 구제명령을 미 이행한 사용자에게 이행을 강제하기 어렵게 되었다.

---

85) 헌재 1995. 3. 23, 92헌가14

관련판례 부당노동행위 구제명령 위반시 제재

노동조합법 제46조 중 "제42조의 규정에 의한 구제명령에 위반하거나" 부분은, 노동위원회의 확정되지 아니한 구제명령을 그 취소 전에 이행하지 아니한 행위를 동법 제43조 제4항 위반의 확정된 구제명령을 위반한 경우와 차별함이 없이 똑같이 2년 이하의 징역과 3,000만 원 이하의 벌금이라는 형벌을 그 제재방법과 이행확보수단으로 선택함으로써, 국민의 기본권 제한방법에 있어 형평을 심히 잃어 위 법률규정의 실제적 내용에 있어 그 합리성과 정당성을 더욱 결여하였다고 할 것이므로 헌법상의 적법절차의 원리에 반하고 과잉금지의 원칙에도 저촉된다고 할 것이다(헌법재판소 전원재판부 1995.3.23, 92헌가14).

⑤ 노동위원회의 구제명령·기각결정 또는 재심판정은 중앙노동위원회에의 재심신청이나 행정소송의 제기에 의하여 그 효력이 정지되지 아니한다(제86조).

(5) 구제명령의 구체적 내용
① 재량행위
구제명령의 내용에 관해서는 법상 아무런 규정이 없기 때문에 노동위원회의 자유재량행위에 속한다 할 것이므로 노동위원회는 부당노동행위에 대하여 침해된 상태를 회복하는데 필요하고 가장 적절한 구체조치를 명하여야 한다.
② 불이익취급의 경우
불이익취급으로서 가장 대표적인 해고의 경우 노동위원회는 해고된 근로자를 원직 또는 원직에 상당하는 지위에 복직시킴은 물론 해고에 의하여 상실된 임금상당액의 소급지급(back pay)[86]을 명하는 것이 원칙이다. 특히 사용자가 근로자의 의사에 반하여 정당한 이유 없이 근로자의 근로제공을 계속적으로 거부하는 것은 그로자의 인격적 법익을 침해하는 것이 되어 사용자는 이로 인하여 근로자가 입게 되는 정신적 고통에 대하여 배상할 의무가 있다. 또한 당해 근로자가 원직복귀를 바라지 않는 경우에는 강제로 원직에 복귀시키는 명령은 불가능하지만, 이러한 경우에도 노동조합에게는 공고문게시명령, 부작위 명령, 손해배상명령 등이 적절한 구제수단이 될 수 있을 것이다.
③ 황견계약의 경우
고용조건으로 된 조합에의 불가입, 탈퇴, 특정조합에의 가입에 관한 계약의 파기를 명한다.
④ 단체교섭거부의 경우
단체교섭의 거부의 경우에는 단체교섭에 응하라는 명령이 가능하며, 단체교섭거부가 교섭사항, 교섭당사자, 교섭시기 등에 관련하여 문제된 경우에는 그 사항을 구체적으로 특정하여 교섭개시명령을 하는 것이 적절하다. 아울러 필요한 경우에는 공고문게시명령이나 단체협약 체결명령을 발한다.

---

86) Back Pay명령에 있어서 당해 근로자가 해고기간 중 타사업장에 취업한 경우 임금공제여부에 대해서는 ① 전부공제설, ② 일부공제설, ③ 노동위원회의 재량에 의한 공제가능설이 있으나 노동위원회의 재량권설이 타당한 듯 싶다.

⑤ 지배·개입의 경우

지배·개입행위를 특정하여 이를 금지하는 부작위명령 및 사과문(Post notice)의 게시 등을 명한다. 즉, 지배개입은 행위 자체를 제거 내지 취소하여 원상회복한다는 것은 사실상 곤란하므로 공고문 게시명령이나 부작위 명령 등이 적절하다고 본다.

5. 재심절차

(1) 재심신청

① 지방노동위원회 또는 특별노동위원회의 구제명령 또는 기각결정에 불복이 있는 관계당사자는 그 명령서 또는 결정서의 송달을 받은 날부터 10일 이내에 중앙노동위원회에 그 재심을 신청할 수 있다(제85조 제1항).

② 위 기간 내에 재심을 신청하지 않으면 초심의 구제명령 또는 기각결정은 확정된다(동조 제3항).

(2) 재심범위

중앙노동위원회의 재심은 신청된 불복의 범위 내에서 초심의 처분을 인정·취소 또는 변경할 수 있다(노동위원회법 제26조 제1항).

6. 행정소송

(1) 법 규정

① 제소기간

중앙노동위원회의 재심판정에 대하여 관계당사자는 그 재심판정서의 송달을 받은 날부터 15일 이내에 행정소송을 제기할 수 있다(제85조 제2항). 이 기간 내에 행정소송을 제기하지 아니한 때에는 그 구제명령·기각결정 또는 재심판정은 확정된다(동조 제3항).

② 위의 규정에 의하여 기각결정 또는 재심판정이 확정된 때에는 관계 당사자는 이에 따라야 한다(동조 제4항).

(2) 행정소송의 제기

① 당사자

재심판정의 행정소송은 당해 재심판정의 관계당사자가 제기할 수 있다(제 85조 제2항). 원고는 재심판정의 취소를 구할 법률상의 이익이 있고, 이에 불복하는 사용자나 피해 근로자 또는 노동조합이 될 것이며 피고는 재심판정을 한 중앙노동위원회의 위원장이 된다.

② 관할 법원

행정소송의 관할법원은 중앙노동위원회의 소재지를 관할하는 대법원소재지의 행정법원에 있다.

③ 제소와 명령의 효력

중앙노동위원회의 재심판정은 행정소송의 제기에 의하여 그 효력이 정지되지 아니한다(제 86조). 재심판정의 효력은 당사자의 신청 또는 직권에 의한 법원의 집행정지 결정에 의해 그 효력이 정지될 수 있고 행정소송의 결과 판결에 의해 취소될 수 있다.

(3) 심리범위

① 대상

행정소송은 중노위의 위법한 행정처분 등을 취소하는 것이므로 법원은 재심판정이 위법여부 를 판단하게 된다. 부당노동행위 인정에 대한 사실의 타당성 여부, 구제조치 내용의 적법 여 부, 재심절차의 적법 여부 등이 심리대상이 될 수 있다.

② 중노위 판단 인정여부

법원은 직권으로 증거조사를 하여 새로이 증거를 수집할 수 있으므로 법원은 새로운 증거에 근거하여 중노위와 다른 사실을 독자적으로 인정할 수 있다. 그러나 사실인정에 대한 준사법 적 기관인 중노위의 독자적인 판단을 존중해 줄 필요가 있다.

③ 구제명령 내용의 적법성

중노위는 구제명령에 대한 광범위한 재량권을 가지지만, 법원은 중노위의 구제명령의 내용 과 다른 적절한 구제명령을 스스로 선택하기 어렵기 때문에 중노위의 재량권을 존중하여 그 재량권한을 일탈하거나 남용된 경우가 아닌 한 적법성을 인정하여야 할 것이다.

④ 재심 절차상의 적법성

사실인정의 객관성이나 공평성을 해치는 중차대한 절차위반인 경우에는 법원은 당해 재심판 정을 당연히 취소할 수 있다고 본다.

(4) 위법성 판단의 기준시점과 소 이익 상실시

① 기준시점

재심판정의 적법성은 재심판정의 시점을 기준으로 판단하는 바, 일반적으로 행정소송에 대 한 적법성 판단의 기준시점에 관해 처분시설과 변론종결시설이 있는데 판례는 처분시설을 취하고 있다.

② 소의 이익 상실시

재심판정 시를 기준으로 할 경우 구제명령 후 변론 종결 시까지 사이에 구제명령의 이행을 불가능하게 하는 사정이 발생한 경우 법률상 이익이 상실되므로 소를 각하한다.

(5) 확정판결

① 판결의 효력

중노위의 재심판정에 대한 법원의 판결로 구제명령, 기각결정 또는 각하결정이 확정된다. 그 확정된 판결은 중노위를 기속함은 물론이다. 따라서 중노위의 구제명령이 취소된 경우에는 취소판결의 확정에 의해 구제명령의 효력은 상실된다.

② 화해

확정 판결 전에 소송당사자는 노사의 일방(원고)과 중앙노동위원회(피고)로서 노동위원회에서 대립하던 노사쌍방은 참가인에 불과한 것으로 원고와 참가인과의 화해에 의한 소의 취하가 이루어 질 수 있다.

Ⅱ. 긴급이행명령

(1) 의 의
① 개념
긴급이행명령이란 사용자가 중앙노동위원회의 구제명령에 대하여 행정소송을 제기한 경우에 관할법원은 중앙노동위원회의 신청에 의하여 결정으로써 판결이 확정될 때까지 중앙노동위원회의 구제명령의 전부 또는 일부를 이행하도록 명할 수 있는 제도를 말한다(제85조 제5항).
② 취지
미확정 구제명령을 위반한 자에 대한 처벌규정이 헌법재판소의 의해 위헌으로 판정됨[87]에 따라 구제명령의 실효성확보차원에서 인정된 것이다.

(2) 성립요건
① 사용자가 중앙노동위원회의 구제명령에 불복하여 행정소송을 제기하여야 한다.
② 중앙노동위원회는 확정판결 전까지 구제명령의 전부 또는 일부를 이행해주도록 관할 법원에 신청하여야 한다.
③ 사용자의 부당노동행위로 인해 침해된 권리에 대한 즉시 구제의 필요성이 있어야 한다.

(3) 구제명령의 위법성 심사가능 여부
긴급이행명령제도는 구제명령 실효성확보차원에서 본안소송과 별개의 절차로서 인정되는 것이고, 구제명령의 위법성이 발견된 경우 당사자의 신청이나 직권에 의해서 그 결정을 취소할 수 있도록 별도의 절차를 두고 있으며, 긴급이행명령제도의 취지가 노동위원회의 실체적 판단을 존중하여 구제명령의 실효성을 확보하는 데 있으므로 구제명령은 일단 적법한 것으로 추정된다고 본다.

(4) 긴급이행명령의 취소
법원은 당사자의 신청 또는 직권으로 그 결정을 취소할 수 있다. 법원이 직권으로 취소할 경우는 중앙노동위원회의 결정이 위법한 것으로 판명된 경우에만 허용된다고 보며 사요자의 신청에 의할 경우에도 중앙노동위원회의 결정이 명백히 위법한 것이라고 판명되지 않는 한 인정될 수 없다.

---

87) 헌재결, 1995. 3.23, 92 헌가 14.

(5) 위반의 효과

사용자가 법원의 긴급이행명령에 따르지 아니하면, 500만 원 이하의 금액 이내에서 일정한 비율로 산정한 과태료를 부과한다(제95조).[1]

---

1) 문제는 법원의 긴급이행명령에 대한 사용자가 이에 응하지 않을 경우 현행법상 이행을 강제할 수단이 없다. 따라서 작위명령의 경우 형사벌을 인정할 실익이 있다고 본다.

Chapter 10

노사협의회 및 고충처리

Ⅰ. 서설

1. 노사협의제도의 의의

(1) 노사협의회는 근로자와 사용자가 참여와 협력을 통하여 근로자의 복지증진과 기업의 건전한 발전을 도모하기 위하여 구성하는 협의기구를 말한다.

(2) 단체교섭이 대립적 노사관계를 전제로 하여 사용자와 대등한 관계를 유지함으로써 노사자치주의의 실현을 위한 것이라면, 노사협의회는 협력적 노사관계를 전제로 하여 경영에 근로자를 참여시킴으로서 노사협조를 도모하기 위한 것이다.

2. 단체교섭과의 구별

〈노사협의회와 단체교섭 비교〉

구분	노사협의회	단체교섭
근거법	근로자참여및협력증진에관한법률	노동조합및노동관계조정법
목적	노사공동의 이익증진	근로자의 지위향상 및 근로조건의 개선유지
사업장	30인 이상의 사업 또는 사업장	노동조합이 있는 사업장
당사자	노사협의회 근로자위원 및 사용자위원	노동조합 및 사용자(사용자단체)
활동	사용자의 기업경영상황 보고 안건에 대한 노사간 협의·의결	노사간 교섭 및 협약체결
기타	쟁의행위를 수반하지 않음	교섭결렬시 쟁의행위 가능

(1) 목적
 ① 단체교섭은 근로자의 근로조건을 유지·개선함으로써 근로자의 경제적·사회적 지위의 향상을 목적으로 한다.
 ② 노사협의제는 노사 간의 공동이해관계사항의 협의를 통하여 노사공동의 이익을 증진함으로써 산업평화를 도모함을 목적으로 한다.

(2) 당사자
 ① 단체교섭의 대표자는 노동조합의 조합원으로서의 지위를 가지며, 노사협의에 있어서 근로자대표는 기업의 구성원으로서의 지위를 갖는다.
 ② 단체교섭에 있어서는 노사 간에 인원수의 비율이 고정될 필요가 없으나, 노사협의회에 있어서는 쌍방의 인원수의 비율이 동일하여야 한다(제6조 제1항).

    (3) 대상사항

       ① 단체교섭의 대상사항은 노사 간 이해가 대립되는 사항으로서 임금 및 근로시간 등 근로조건
         에 관한 사항을 원칙으로 한다.

       ② 노사협의사항은 노사 간의 이해가 공통되는 사항으로서 생산성향상 및 생산계획, 인사 · 경
         영방침 등 주로 기업의 경영사항이 여기에 해당한다.

    (4) 교섭권의 위임

     단체교섭은 그 권한을 위임할 수 있으나, 노사협의에 있어서는 위임이 금지된다.

    (5) 노동쟁의 발생여부

       ① 단체교섭이 결렬되면 노동쟁의 발생신고를 하게 되고 쟁의행위를 할 수 있다.

       ② 노사협의에서 합의에 도달하지 못하더라도 노동쟁의가 발생하는 것은 아니며 따라서 쟁의행
         위를 할 수도 없다.

    (6) 교섭 및 협의결과

       ① 단체교섭은 합의에 이르게 되면 당사자 간에 단체협약이 체결되며 단체협약은 당사자 간에
         법 규범 및 계약으로서의 2중적 성질을 가지게 된다.

       ② 노사협의는 합의에 도달할지라도 그 합의결과가 단체협약으로 귀결되지 아니하며 노사간의
         합의에 대한 법적 효력이 명확하지 아니하다.

Ⅱ. 노사협의회 운영

1. 설치대상

(1) 근로조건의 결정권이 있는 사업 또는 사업장으로서 상시 30인 이상 고용하는 경우에는 노사협의회를 의
무적으로 설치하여야 한다(제4조 제1항).
(2) 하나의 사업에 지역을 달리하는 사업이 있을 경우에는 그 사업장에 대하여도 설치할 수 있다(동조 2항).
하나의 사업에 종사하는 전체 근로자수가 30인 이상이면 당해 근로자가 지역별로 분산되어 있더라도 그
주된 사무소에 노사협의회를 설치하여야 한다(영 제2조 제2항).

       ① 법령에 의하여 사업 또는 사업장단위로 그 설치와 운영이 강제된다.

       ② 즉, 노사협의회는 근로조건의 결정권이 있는 사업 또는 사업장으로서 30인 이상 고용하는 경
         우에는 의무적으로 설치하여야 한다.

2. 구성

(1) 노사동수의 원칙

노사협의회는 근로자와 사용자를 대표하는 동수의 위원으로 구성하되, 각 3인 이상 10인 이내로 한다(제6조 제1항). 노사협의회를 노사 동수로 구성한 것은 노사대등의 원칙에 따른 것이다.

(2) 위원의 선출

① 근로자위원

㉠ 근로자위원은 근로자가 선출하되, 근로자의 과반수로 조직된 노동조합이 있는 경우에는 노동조합의 대표자와 그 노동조합이 위촉하는 자로 한다(제6조 제2항).

㉡ 근로자의 과반수로 구성된 노동조합이 조직되어 있지 아니한 사업 또는 사업장의 근로자위원은 근로자의 직접·비밀·무기명투표에 의하여 선출한다.

㉢ 다만, 사업 또는 사업의 특수성으로 인하여 부득이하다고 인정되는 경우에는 작업부서별로 근로자 수에 비례하여 근로자위원을 선출할 근로자를 선출하고 위원선거인 과반수의 직접·비밀·무기명투표에 의하여 근로자위원을 선출할 수 있다(영 제3조 제1항).

② 사용자위원

사용자위원은 당해 사업 또는 사업장의 대표자와 그 대표자가 위촉하는 자로 한다(동조 제3항).

(3) 노사협의회의 의장

노사협의회에 의장을 두며, 의장은 위원 중에서 호선한다(제7조 제1항 전문). 이 경우 근로자위원과 사용자위원 중 각 1인을 공동의장으로 할 수도 있다(동항 후문).

(4) 위원의 임기

① 위원의 임기는 3년으로 하되 연임할 수 있다(제8조 제1항).

② 보궐위원의 임기는 전임자의 잔여기간으로 한다(동조 제2항).

③ 위원은 임기가 만료된 경우라도 그 후임자가 선출될 때까지 계속 그 직무를 담당한다(동조 제3항).

(5) 위원의 지위

① 위원은 비상임·무보수로 한다(제9조 제1항).

② 사용자는 협의회위원으로서의 직무수행과 관련하여 근로자위원에게 불이익한 처분을 하여서는 아니 된다(동조 제2항).

③ 위원의 협의회 출석시간 및 이와 직접 관련된 시간으로서 협의회규정에서 정한 시간에 대하여는 근로한 것으로 본다(동조 제3항).

(6) 사용자의 의무

    ① 사용자는 근로자위원의 선출에 개입하거나 방해하여서는 아니된다(제10조 제1항).

    ② 사용자는 근로자위원의 업무를 위하여 장소사용 등 기본적 편의를 제공하여야 한다(동조 제2항).

3. 운영

(1) 회의

    ① 정기회의 : 3개월마다 정기적으로 개최(제12조 제1항)

    ② 임시회의 : 필요에 따라 개최(동조 제2항)

(2) 회의소집

    ① 의장은 협의회의 회의를 소집하며 그 의장이 된다(제13조 제1항).

    ② 의장은 노사일방의 대표자가 회의의 목적사항을 문서로 명시하여 회의의 소집을 요구한 때에는 이에 응하여야 한다(동조 제2항).

    ③ 의장은 회의개최 7일 전에 회의일시, 장소, 의제 등을 각 위원에게 통보하여야 한다(동조 제3항).

(3) 사전 자료 제공

    근로자위원은 회의소집에 따라 통보된 의제 중 협의사항 및 의결사항과 관련된 자료를 협의회 회의개최 전에 사용자에게 요구할 수 있으며 사용자는 이에 성실히 응하여야 한다. 다만, 그 요구 자료가 기업의 경영·영업상의 비밀 또는 개인정보에 해당하는 경우에는 그러하지 아니하다(제13조의2).

(4) 정족수

    ① 개의정족수 : 근로자위원과 사용자위원의 각 과반수의 출석(제14조 전단)

    ② 의결정족수 : 출석위원 3분의 2 이상의 찬성(동조 후단)

(5) 회의의 공개

    협의회의 회의는 공개한다. 다만, 협의회의 의결에 의하여 공개하지 아니할 수 있다(제15조).

(6) 비밀유지

    협의회의 위원은 협의회에서 지득한 비밀을 누설하여서는 아니된다(제16조).

(7) 회의록 비치

    ① 노사협의회는 ㉠ 개최일시 및 장소, ㉡ 출석위원, ㉢ 협의내용 및 합의 사항, ㉣ 그 밖의 토의 사항을 기록한 회의록을 작성·비치하여야 한다(제18조 제1항).

② 회의록은 출석위원 전원이 서명·날인하여야 하며, 작성일로부터 3년간 보존하여야 한다(제 18조 제2항).

(8) 협의회규정

협의회는 그 조직과 운영에 관한 규정을 제정하고 이를 협의회의 설치일부터 15일 이내에 고용노동부장관에게 제출하여야 한다. 이를 변경한 경우에도 또한 같다(제17조).

4. 임무

(1) 협의사항

① 개념

협의사항은 당사자가 협의에 그칠 뿐 반드시 합의할 필요는 없으나 원하는 경우 의결할 수 있는 사항으로서 주로 생산성향상과 인사노무관리에 관한 사항이다.

② 내용(제19조)

1. 생산성 향상과 성과배분
2. 근로자의 채용·배치 및 교육훈련
3. 노동쟁의의 예방(단체교섭 대상사항으로 2007.7.1.자부터 협의사항에서 제외)
4. 근로자의 고충처리
5. 안전·보건·기타 작업환경개선과 근로자의 건강증진
6. 인사·노무관리의 제도개선
7. 경영상 또는 기술상의 사정으로 인한 인력의 배치전환·재훈련·해고 등 고용조정의 일반원칙
8. 작업 및 휴게시간의 운용
9. 임금의 지불방법·체계·구조 등의 제도개선
10. 신 기계·기술의 도입 또는 작업공정의 개선
11. 작업수칙의 제정 또는 개정
12. 종업원지주제 기타 근로자의 재산형성에 관한 지원
12의2. 직무발명 등과 관련하여 당해 근로자에 대한 보상에 관한 사항
13. 근로자의 복지증진
14. 사업장 내 근로자 감시설비의 설치(2007.7.1.자부터 시행)
15. 그 밖의 노사협조에 관한 사항

(2) 의결사항

① 내용(제20조)

㉠ 필요적 의결사항

1. 근로자의 교육훈련 및 능력개발기본계획의 수립

2. 복지시설의 설치와 관리

3. 사내근로복지기금의 설치

4. 고충처리위원회에서 해결되지 아니한 사항

5. 각종 노사공동위원회의 설치

    ⓛ 임의적 의결사항

    위와 같은 사항 외에 법에서 규정하고 있는 협의사항(인사 · 노무관련사항)에 대해서도 노사의 자율로 의결할 수 있다(제19조 제2항).

② 의결방법

    노사협의회의 의결사항은 근로자위원과 사용자위원의 각 과반수의 출석과 출석위원의 3분의 2 이상이 찬성으로 의결한다(제14조).

③ 의결사항의 공지

    ㉠ 협의회는 의결된 사항을 신속히 근로자에게 공지시켜야 한다(제22조).

    ⓛ 협의사항 · 의결사항 · 보고사항을 전체 종업원들에게 주지시키고 건설적인 의견을 들을 수 있는 기회가 마련되는 것이 필요하다. 그런 의미에서 동법 제22조의 공지제도를 확대 · 구체화하는 것이 필요하다.

④ 의결사항의 이행

    ㉠ 근로자와 사용자는 협의회에서 의결된 사항을 성실하게 이행하여야 한다(제23조).

    ⓛ 의결된 사항을 이행하지 아니한 경우에는 1천만 원 이하의 벌금에 처한다(제30조 제2호).

⑤ 여론

    ㉠ 의결사항의 의결강제수단 미흡

    의결사항의 의결이 이루어지지 않은 경우에 근참법에서는 임의중재를 받을 수 있도록 하고 있는데, 당사자가 임의중재를 원치 않는 경우에는 의결사항의 의결을 강제할 수단이 없다.

    ⓛ 의결사항의 효력규정의 부존재

    법에서는 사용자가 의결된 사항에 관하여 이행을 하지 않을 경우 이를 강제할 수 있는 효력규정을 두고 있지 않다. 즉, 당사자의 이행의무의 위반 시 벌금만 부과하고 있을 뿐이다. 따라서 의결사항의 서면화와 그 효력 및 이행방법에 관한 규정을 두고 구제절차를 명시하는 것이 바람직할 것이다.

    ⓒ 의결사항의 미흡

    현행법은 근로조건과 직접적인 관련이 적은 일부 사항만을 의결사항에 포함시키고 있을 뿐이고, 이는 단순한 협의사항에 불과하여 선언적 효과만 있을 뿐이고 근로조건의 실질적 개선과는 유기적으로 연결되지 못하고 있으며 근로자들의 참여와 협력의 구체적 실현을 보장하지 못하고 있다.

(3) 보고사항

① 개념

㉠ 근로자위원과 사용자위원이 각각 보고 · 설명할 수 있는 사항으로서 반드시 협의할 필요가 없고 일방의 보고 · 설명으로 충분한 사항이다.

㉡ 사용자는 정기회의에 보고사항에 관하여 성실하게 보고, 설명하여야 한다(제21조 제1항).

② 내용

1. 경영계획전반 및 실적에 관한 사항

2. 분기별 생산계획과 실적에 관한 사항

3. 인력계획에 관한 사항

4. 기업의 경제적 · 재정적 사항

③ 근로자위원의 보고 · 설명

근로자위원은 근로자의 요구사항을 보고하고, 설명할 수 있다(동조 제2항).

④ 근로자위원의 자료제출 요구권

사용자가 보고 및 설명의무를 이행하지 아니하는 경우에는 근로자위원은 보고사항에 관한 자료의 제출을 요구할 수 있으며 사용자는 이에 성실히 응하여야 한다(동조 제3항).

5. 노사협의제도의 개선점

(1) 설치 사업장의 범위문제

① 노사협의회는 당해 사업장의 참여와 협력을 증진시키기 위한 제도라는 점을 고려할 때 30인 미만의 사업장에도 그 설치를 강제함이 타당하다고 본다.

② 우리나라의 노조조직률이 낮고 중소기업이 많다는 점을 감안할 때 그 설치사업장의 확대는 필수적이라고 본다.

(2) 의결사항의 범위 및 효력문제

① 현행법에서는 의결사항을 신설하여 규정하고 있으나 그 범위가 협소하여 자문 및 협의단계에 그치는 경우가 많기 때문에 점차적으로 이를 확대할 필요성이 있다고 본다.

② 그 효력에 있어서도 아무런 규정을 두지 않고 있으므로 의결사항을 서면화 할 필요가 있다고 보여 지며 이를 취업규칙보다 우선하는 효력을 부여함이 타당하다고 본다.

(3) 협의사항의 보완점

① 협의회가 미조직된 사업장의 경우 근로자의 임금 기타 근로조건과 관련하여 노사 간의 교섭창구가 없는 것이 현실이므로 미조직사업장에 한하여 이에 관한 사항을 협의할 수 있도록 하면 법의 존재의의를 증대시킬 수 있다고 본다.

② 또한 협의가 제대로 이루어지지 않은 경우 이 규정의 실효성 확보에 관하여도 보완할 필요가 있다고 본다.

Ⅲ. 고충처리제도

1. 서설

(1) 고충의 개념

고충이란 근로자의 근로환경이나 근로조건에 관한 개별적인 불만 또는 애로를 말한다. 개별 근로자가 가지는 불만이라는 점에서 집단성을 지니는 노동쟁의와 구별된다.

(2) 고충처리의 원칙

기업 내 근로자 개인의 고충에 대하여는 노사 간 자주적 협의를 통해 해결함이 노사관행이다. 근로자참여 및 협력증진에 관한 법(이하 '근참법')은 이러한 고충처리를 활성화하기 위해 사업장마다 고충처리위원을 두도록 하고 그 처리절차에 대한 규정을 마련하고 있다.

(3) 고충처리제도의 의의
① 불만사항의 신속처리

이 고충처리 제도는 근로자들의 애로사항이나 불만사항을 즉시에 처리하여 그 불만이 쌓여 노동쟁의의 요인이 되는 것을 사전에 제거하는 데 그 취지가 있다.
② 노사 간의 협력 증진

합의에 의해 고충을 해결함으로써 노사 협력관계를 증진시키는데 그 의의가 있다.

2. 고충처리위원

(1) 설치대상

상시 30인 이상의 근로자를 사용하는 모든 사업 또는 사업장에서는 근로자의 고충을 청취하고 이를 처리하기 위하여 고충처리위원을 두어야 한다(제25조).

(2) 구성

고충처리위원은 노사를 대표하는 3인 이내의 위원으로 구성하되, ① 노사협의회가 설치되어 있는 사업 또는 사업장의 경우에는 노사협의회가 그 위원 중에서 선임하고, ② 노사협의회가 설치되어 있지 않은 사업 또는 사업장의 경우에는 사용자가 위촉한다(제26조 제1항).

(3) 임기

고충처리위원의 임기에 관하여는 노사협의회위원과 동일한 규정이 준용되어 3년으로 하되, 연임할 수 있다(동조 제2항).

(4) 신분 및 처우
① 고충처리위원은 비상임 · 무보수로 한다(영 제9조 제1항).

② 사용자는 고충처리위원으로서의 직무수행과 관련하여 고충처리위원에게 불이익한 처분을 하여서는 아니된다(동조 제2항).

③ 고충처리위원의 협의 및 고충처리에 소요되는 시간에 대해서는 이를 근로한 것으로 본다(동조 제3항).

3. 고충처리절차

(1) 고충사항의 신고 및 처리

① 근로자가 고충사항이 있을 때에는 고충처리위원에게 구두 또는 서면으로 신고하고, 신고를 접수한 고충처리위원은 이를 지체 없이 처리하여야 한다(영 제8조 제1항). 즉, 구두 또는 서면 기타 전화, FAX 등으로 고충처리위원에게 신고하도록 하고 신고를 접수한 고충처리위원은 지체 없이 이를 처리해야 한다. 각 사업장의 사정에 따라 인터넷 홈페이지 또는 사내신문고 제도 등이나 필요한 경우 최고경영자에게 직접 고충을 제기할 수 있도록 하는 방법도 활용할만하다.

② 고충처리위원이 처리하기 곤란한 사항에 대하여는 노사협의회에 부의하여 협의 처리한다(제27조 제2항).

③ 사용자는 고충신고에 필요한 서식을 준비하여 근로자가 쉽게 이용할 수 있도록 비치하는 것도 바람직하다. 또한 근로자들이 쉽게 이용할 수 있도록 고충처리 상담실을 운영한다든가, 사업장의 여건이 여의치 않은 경우에는 타인의 출입이 빈번하지 않은 장소를 이용하여 상담함으로써 고충근로자의 비밀을 보호하도록 노력하여야 한다.

(2) 처리결과의 통보

고충처리위원은 근로자로부터 고충사항을 청취한 때에는 10일 이내에 조치사항 기타 처리결과를 당해 근로자에게 통보하여야 한다(제27조 제1항).

(3) 대장비치

고충처리위원은 고충사항의 접수 및 그 처리에 관한 대장을 작성ㆍ비치하고 이를 1년간 보존하여야 한다(영 제10조). 그러나 당해 근로자가 원하지 아니할 경우에는 상세한 사항은 기록하지 아니할 수 있다.

(4) 주의사항

① 고충처리대장을 관계자 외에 아무나 열람하지 못하도록 관리해야 하며 특히 근로자의 사생활 관련사항이 다른 근로자들에게 노출되지 않도록 각별히 노력해야 한다. 그래야만 근로자가 비밀유출에 대한 걱정 없이 안심하고 이 제도를 활용할 수 있기 때문이다. 고충처리위원은 항상 공정하고 신속한 처리를 해야 할 것이다.

② 사용자는 고충처리의 결과에 관련된 사항 중 다른 근로자들이 주지시켜야 할 것으로 판단되는 것은 모든 근로자들에게 알리어 예방적 조치를 취함과 아울러 그 처리 결과에 대한 신뢰성

확보를 위하여 노력해야 하며 고충처리결과를 자료화하여 사업장 관리에 유용하게 활용하는 것이 바람직하다.

4. 문제점 및 개선방안

(1) 고충처리위원 설치 대상을 확대하여야 한다. 근로자의 근로조건과 근로환경에 관한 애로와 불만은 대기업보다는 오히려 상시 30인 미만의 중소기업에서 일반적으로 높다는 점을 감안하여 대상 사업장의 범위를 확장할 필요가 있다.

(2) 고충처리위원수를 현실화하여야 한다. 근로자 수가 수천 명 이상 되는 대기업의 경우 3명 이내의 고충위원이 이를 감당할 수 없다. 따라서 근로자 수에 따른 합리적인 고충처리위원 수를 정하여야 한다.

(3) 근로자의 참여의 폭을 확대시켜야 한다. 노사협의회가 없는 경우 사용자가 고충처리위원을 위촉하도록 되어 있는데 근로자의 고충을 청취하고 해결하는 역할을 하는 이상 어느 정도 근로자 측 의견을 수렴하여 위촉하도록 해야 한다. 아울러 여성근로자의 배려를 위해 고충처리위원 중에서 1인은 여성 고충처리위원을 임명하여야 한다.

주요약력

대표노무사 유선용

명지대학교 법학과
고려대학교 노동대학원
(전) 한국토지주택공사 노무담당
(전) KLE신지식평생교육원 노동법 / 사회보험법 전임교수
(현) 한국경영교육원 노동법 / 사회보험법 전임
(현) 노무법인 MK 컨설팅 대표

주요저서 : EBS 노동법(고시계사), EBS 사회보험법(고시계사)

함께 알아가는 노사관계

초 판 발 행	2012년 6월 5일
초판3쇄발행	2014년 7월 15일
개 정 판 발 행	2015년 8월 20일

저 자	유선용
발 행 인	鄭 相 薰
발 행 처	考試界社

서울특별시 관악구 봉천로 472
코업레지던스 B1층 고시계사

대 표 817-2400 **팩 스** 817-8998
考試界·고시계사 817-0418~9
법무경영 교육원·에듀올 817-0367~8
www.gosi-law.com / www.eduall.kr
E-mail : goshigye@chollian.net

파본은 바꿔드립니다. 본서의 무단복제행위를 금합니다.

정가 17,000원   ISBN 978-89-5822-521-8   93360

법치주의의 길잡이 60년 月刊 **考 試 界**